Der Anti-Stress-Trainer für Sportler

Clemens Ressel

Der Anti-Stress-Trainer für Sportler

Wenn Dein Kopf streikt und Dein Körper folgt

Clemens Ressel
Gottlieben, Schweiz

ISBN 978-3-658-12455-7 ISBN 978-3-658-12456-4 (eBook)
DOI 10.1007/978-3-658-12456-4

Die Deutsche Nationalbibliothek verzeichnet diese Publikation in der Deutschen Nationalbibliografie; detaillierte bibliografische Daten sind im Internet über http://dnb.d-nb.de abrufbar.

Springer Gabler

Lektorat: Annika Hoischen
Redaktion: Marina Bayerl
Coverdesign: deblik Berlin

Gedruckt auf säurefreiem und chlorfrei gebleichtem Papier

Springer Gabler ist Teil von Springer Nature
Die eingetragene Gesellschaft ist Springer Fachmedien Wiesbaden GmbH
Die Anschrift der Gesellschaft ist: Abraham-Lincoln-Str. 46, 65189 Wiesbaden, Germany

Geleitwort

Wer nicht kämpft, hat schon verloren!
2003 war das schwärzeste Jahr meines Lebens. Ich hatte innerhalb einer Woche drei Schlaganfälle, war halbseitig gelähmt, konnte weder sprechen noch schlucken. Doch ich habe mich dazu entschlossen zu kämpfen – für mein Leben, meine Familie, meine Zukunft. Mit diesem Willen habe ich mich zurückgekämpft. Mein größter Antrieb war sicherlich, nicht als Pflegefall zu enden. Ich wollte ein ganz normales Leben führen und alles selbstständig machen können. Egal ob Zähne putzen, essen oder mit meinem Sohn spielen. Ich wollte einfach nicht mit 34 im Rollstuhl sitzen und für so vieles Hilfe benötigen. Das war meine größte Motivation. Raus aus dem Loch!

Wenn man seit dem fünften Lebensjahr jeden Tag mehr als zwei Stunden trainiert und dazu die Wettkämpfe am Wochenende hat, dann weiß man, wie wichtig es ist, sich körperlich und mental fit zu halten. Denn im Training geht es nicht nur darum, seine Technik, die Schnelligkeit oder die Ausdauer zu verbessern. Man muss sich selbst kennenlernen, wissen wie man in Stresssituationen reagiert und lernen, damit umzugehen. Hier war mein Freund, Mentor und Physiotherapeut Werner Kraß eine große Stütze für mich. Auf ihn konnte und kann ich mich auch heute noch immer verlassen.

Auch ein Trainer wie Clemens Rassel, der selbst aus dem Hochleistungssport kommt und der weiß, was einem in solchen Momenten im Kopf vorgeht, weil er es selbst erlebt hat, ist mit den einfachsten Mitteln in der Lage, dich auf die wichtigsten Momente in deinem Sportlerleben vorzubereiten.

Was kann man tun, um nicht in dieses Loch zu fallen, sich nicht ständig die Fragen nach dem „Warum?“ zu stellen?

Dieses Buch hier ist wichtig für alle Sportler – ob als Profi oder in der Freizeit – und im Grunde wichtig für all deren Trainer.

„Wer nicht kämpft, hat schon verloren“. Dieses Motto hat mich immer begleitet und mich gerade im schlimmsten Moment damals am Leben gehalten. Das ist auch der Grund, warum ich genau diesen Satz als Titel meines Mutmacher-Buches ausgewählt habe. Und auch deshalb halte ich Vorträge, in denen ich Menschen bewusst mache, dass es immer die eigene Entscheidung ist, ob man am Boden liegen bleibt oder ob man seine Kräfte zielgerichtet mobilisiert und über sich hinauswächst. Denn jeder kann lernen mit Niederlagen umzugehen, die Rückschläge gewinnbringend zu verarbeiten und neue Wege zum Ziel entdecken.

Diese Zeit hat mich sehr geprägt und in dem Moment in der Klinik wurde mir bewusst, dass es definitiv jeden treffen kann. Ich war körperlich in Topform, habe weder geraucht, noch habe ich Alkohol getrunken und trotzdem konnte ich nichts dagegen tun.

Clemens und ich möchten Dich – jeder auf seine Weise – animieren, Deinem Leben und der Situation in der Du Dich befindest, einen Sinn zu geben. Gerade wenn Du glaubst, dass Du der Belastung nicht mehr standhalten kannst, ist es wichtig zu wissen, warum und wozu Du das tust, was Du gerade tust.

Und wenn alleine meine Geschichte Dich motiviert, jeden Tag weiter zu machen, den Kopf nicht in den Sand zu stecken und immer nach vorne zu schauen, hat sich dieser Appell gelohnt.

Im Mai 2016 Alexander Leipold

Alexander ist 34facher deutscher Meister, 4facher Europameister und 3facher Weltmeister im Freistilringen und Sieger der Olympischen Spiele 2000 in Sydney. Er war lange Jahre Bundestrainer der deutschen Freistilringer und wurde 2013 mit dem Verdienstkreuz am Bande der Bundesrepublik Deutschland ausgezeichnet.

Vorwort

An Sie möchte ich fünf wichtige Buchstaben gleich zu Beginn richten: DANKE.

Denn ich freue mich, mit Ihnen gemeinsam dieses Trainingsbuch zu einem Baustein Ihres Lebens zu machen. Sie wissen es sicher schon aus den Medien, aus der Schule des Lebens und aus eigenem Erfahren: Veränderungen im Leben kommen nicht durch Pillen, Zeitung lesen, Vorträge besuchen, sondern durch tägliches TUN, durch tägliches Training.

Lassen Sie mich zu Beginn drei wichtige Frage stellen.

1. Wünschen Sie sich, mehr Leistung abrufen zu können?
2. Wünschen Sie sich auch, ein langes, kerngesundes und glückliches Leben zu führen?
3. Und mal ganz ehrlich: Wünschen Sie sich nicht beides?

Na dann herzlich willkommen zum Präventionsschlag gegen jegliche Art von schleichender Depression.

Hallo, ich bin Clemens Ressel. Ein Klient sagte einmal treffend: „Das ist doch der Kerl, bei dem das Handy klingelt, wenn es bei den Champions zwischen den Ohren oder in den Zellen klemmt. Wenn bei denen die rote Lampe angeht. Die suchen dann nach Lösungen mit ihm, weil er einer von ihnen ist. Champions, ob im Sport oder im Unternehmertum, suchen immer ihresgleichen."

Zuerst möchte ich Ihnen meine ANERKENNUNG für den Kauf dieses kleinen Werkes aussprechen. Glauben Sie mir, über 80 % Ihres gesundheitlichen Erfolges basieren darauf, dass Sie nicht nur konsumieren, sondern dass Sie mitmachen, dass Sie dabei sind. In den kommenden 2 h (mehr werden Sie für dieses kleine Werk nicht benötigen) werde ich mit Ihnen in einem respektvollen und vertraulichen Ton sprechen. Also zwei Stunden vertraulich und respektvoll, wie unter erfolgreichen Persönlichkeiten wohl selbstverständlich. Eine Angewohnheit unter uns Champions ist es übrigens, immer die direkte Ansprache zu wählen und einen hohen Respekt zu zollen.

Es ist mir wichtig, denn ich möchte Ihnen danken für Ihre Zeit und Ihre Anerkennung, die Sie mir geben und Ihren Mut – den Mut, einzugestehen, dass Sie sich ernsthaft Gedanken über eine gewisse Leere im Kopf machen, Sie wohlmöglich nicht Ihre volle Performance abrufen … Stimmen Sie mir zu?

Sie sind auch nicht allein. 97 % da draußen geht es im Spitzensport und als aktiver Freizeitsportler genauso.

Ich bin überzeugt davon, Sie werden am Schluss dieses kleinen Werkes froh sein, dass Sie heute einen wichtigen Schritt gewagt haben.

Sie mögen sich fragen: Warum, Clemens?

Weil wir heute die Ursache von spürbarer Energie, von 12 Zylinder großen Körperzellen und dem großen Schlüssel für mehr Power im Sportler-Leben erfahren und vor allem das eine und andere gleich umsetzen.

Wir werden aber auch erleben, was geschieht, wenn wir es nicht tun.

In den kommenden Stunden werden Sie garantiert etwas sehr Wertvolles mitnehmen.

Ist es o. k. für Sie, wenn ich, bevor es jetzt so richtig los geht, etwas über mich persönlich erzähle?

Ich bin Vater von zwei selbstbewussten Söhnen, Claudio und Angelo, und einer beeindruckenden Tochter Estha Angely. Ich darf sagen, ich lebe ein wirklich dankbares Leben mit meiner Frau Yvonne hier in der Schweiz, direkt am Bodensee.

Doch wie begann denn alles?

Als kleiner Junge hatte ich nur eines im Kopf und im Herzen … ich will das Ding … ich wollte Fußball- Profi werden und den Cup gewinnen.

Eines Tages, ich war gerade 20, hatte ich einen Totalschaden in meinem Knie. Meine Karriere war schlagartig beendet, bevor ich wirklich ernten konnte. Einfach plötzlich weg …

Können Sie sich diesen Schock vorstellen? Ich kann Ihnen sagen, das ist ein grausamer Schmerz, da nimmt Ihnen einer Ihre Zukunft, Ihren Traum, einfach weg.

Klar kommen da Fragen auf:

- Wofür habe ich eigentlich auf alles verzichtet für mein großes Ziel, diesen Cup zu holen?
- Wofür habe ich die ganze Zeit trainiert?
- Werde ich wieder neue Ziele fassen wollen?
- Werde ich jemals wieder Champion sein können?
- Bin ich Spitzenprofi in dem, was ich tue, in dem, was ich bin?

Ich stand damals mit Krücken in der Klinik, schaute in den Spiegel und weinte bitterlich. Ich fühlte mich total leer im Kopf. Doch mit jedem Klinikbesuch kroch in mir diese Wut hoch. Wut darüber, es nicht ganz geschafft zu haben.

Kennen Sie dieses Gefühl auch?

Ich schwor mir damals: NICHT MIT MIR. Ich komme wieder. Das kann es nicht gewesen sein.

Und so fing das Feuer in mir langsam wieder an zu brennen. Langsam doch mit der Zeit wurde es immer größer.

Ich konnte das Fußballspielen nicht sein lassen und blieb bis zum hohen Torwartalter zwar nicht mehr in der Champions League und Bundesliga, aber bis zur höchsten Amateur-Liga am Ball. Ich baute meine Fußball-Trainer-Lizenz und wurde Trainer. Es ging also weiter mit 2 mal Training am Tag.

Doch ich gründete auch mein erstes Unternehmen, baute es als Immobilienfirma mit vielen Mitarbeitern und einem Jahresumsatz von mehr als 20 Mio. DM auf.

Das Auf und Ab eines Unternehmers kenne ich sehr gut. Ich bekam alles und ich verlor auch alles. Wirklich alles. Das Loch war scheinbar riesengroß.

Viele erzählen gerne, wie sie damals unter der Brücke gelebt haben …

Aber nur wenige können von sich sagen, dass sie wissen, aus welcher Richtung der eisige Wind unter der Brücke kommt. Als ich alles, wirklich alles verlor, Haus, Hof, Frau, Kinder, Eltern, den Glauben an mich … da stand ein alter Freund plötzlich vor mir.

Er war es, der sich an den Profi erinnern konnte, der mit ihm als kleiner Junge jeden Tag trainiert hatte.

Er gab mir einen Schlüssel für ein Dach und so fing ich wieder von vorne an.

Er war es, der an mich glaubte, als ich fast schon keinen Lebenswillen mehr hatte. Schritt für Schritt kroch ich aus meinem Loch wieder raus.

Doch eine Lebensprüfung hatte ich noch zu bestehen. Heute weiß ich, dass an dieser Prüfung, in diesem Lebensabschnitt, 97 % der Menschen zerbrechen.

Ich mache es kurz: Ein Hund zerriss meinem Sohn das Gesicht und ich hielt ihn fast sterbend in meinen Armen.

Wie viele hätten an dieser Stelle aufgegeben?

Wie viele hätten Schluss gemacht?

Ich aber war bereit, hatte wieder Feuer in mir, das auch mit dieser Gräueltat nicht ausging.

Ich hatte eine Vision von meinem Leben entwickelt und die trieb mich an. Ich hatte mir geschworen, ich komme wieder.

Von diesem Antrieb, von dieser schier grenzenlosen Energie, möchte ich Ihnen heute etwas erzählen und mitgeben. Denn ich weiß nur zu gut, worüber ich Ihnen hier in diesem kleinen Werk mit Tipps und Erfahrung zur Seite stehe, Sie unterstütze.

Vielleicht fragen Sie sich gerade… was hab' ich davon?

Diese kurze Story möchte Ihnen etwas sagen.

In dem Moment, wenn Sie den Glauben an sich verlieren, wird es immer noch jemanden geben, der an Sie glaubt. Das ist so, ich weiß es!

Es ist nie zu spät! Niemals! Es wird immer jemanden geben, der an Sie glaubt.

Ich hab' Ihnen gesagt, ich lernte genau diesen Menschen im tiefsten Tal meines Lebens kennen.

Ich lernte Menschen kennen, die diesen „wertvollen Menschen" in mir sahen. Menschen, die wussten, was ich geschaffen hatte, was ich erreicht hatte und was ich zu leisten imstande war und bin.

Und ich lernte am eigenen Leib, dass allein ich es bin, der mit seinen Gedanken, mit seiner inneren Einstellung und mit seiner Energie die Dinge in seinem Leben auch wieder selbst verändert, und nicht irgendein Geist, eine Fügung oder das Schicksal.

Noch einmal: Was haben Sie davon?

So wie ich, sind auch Sie in der Lage, jederzeit und an jedem Ort die Entscheidung zu treffen, wieder volle Energie in Ihre Zellen zu pumpen und Ihre alte Performance zu erreichen. Wie damals als Kind in Ihrem Leben 1.0.

Das zu tun, was Sie lieben … mit denen etwas zu machen, die Sie wirklich lieben und dabei auch – aber nicht nur – im Kopf zu sein. Und ich fand heraus, dass etwas, was für mich funktioniert, auch für Sie, für jeden funktioniert. Und dafür bin ich dankbar. Dankbar, dass ich heute diese Dinge mit Menschen wie Ihnen teilen darf, auf mehreren Kontinenten die Menschen trainieren darf und dieses Wissen weitergeben darf.

Und dafür diese fünf Buchstaben … an Sie … DANKE.

Nun wünsche ich Ihnen viele Erkenntnisse und Aha-Erlebnisse.

Gottlieben, Schweiz Clemens Ressel

Inhaltsverzeichnis

Über den Autor

Clemens Ressel ist Trainer und Life-Coach von Olympiasiegern, Weltmeistern + National-Teams.

Er ist ehemaliger Profisportler, Spitzencoach der Champions in Sport, Wirtschaft und Management, mehrfacher Buchautor, leidenschaftlicher Unternehmer sowie einfühlsamer und zugleich energiegeladener Trainer und Redner für Menschen, die mehr aus ihrem Leben machen möchten.

… Er steht für Kraft, Ausdauer, Motivation, Leistungsfähigkeit und Lebensfreude in Business und Alltag und gibt seine inneren Kraftquellen an seine Zuhörer und Klienten weiter.

... Er kennt die Regeln der Gewinner, lebt noch heute aktiv inmitten der Sport-Champions nach ihren Spielregeln und Erfolgsgeheimnissen und gibt diese auf eine besonders inspirierende Weise so weiter, dass deren Umsetzung im eigenen Leben mühelos, fast spielerisch funktioniert.

... Er schafft den Transfer, erreicht Köpfe, Herzen und Seelen und überträgt faszinierend auf jeden seiner Zuhörer den „Winning Edge“, den kleinen entscheidenden Vorsprung – auf der großen Bühne vor tausenden Menschen oder im Einzelcoaching.

... Er ist fokussiert, zielorientiert, mitreißend, bewegend und mit einer Aura ausgestattet, die nur Menschen haben, die beseelt sind von dem, was sie tun. Clemens Ressel ist magisch und entfacht das innere Feuer in denen, die selbst ein Champion sein möchten.

... Er weckt Potenziale und treibt diese auf die Spitze – für den ganz persönlichen Erfolg seiner Trainingsteilnehmer, Coachees und begeisterten Zuhörer.

... Er arbeitet mit Kindern und Erwachsenen, mit Start-ups und gestandenen Business-Profis, mit Spitzensportlern und Karrieremachern, aber auch mit ganz normalen Menschen, die Veränderungen spüren und erleben möchten und die Kraft und Inspiration für ihre neuen Ziele im Leben suchen.

Über sein Engagement als Trainer und Unternehmer hinaus engagiert er sich ehrenamtlich für Kinder in Not. Für sie richtet er eigene Trainingscamps aus und gründete überdies die Initiative „Children Help Invest“ (CHI).

Quellenhinweise

Die Inhalte dieses Buches basieren auf über 40 Jahren persönlicher und beruflicher Erfahrungen und Erlebnisse. Sie basieren auf meinem Interessengebiet Gesundheit, Leistungspsychologie und sportlicher Leistungsförderung, ebenso auf Besuchen vieler persönlichkeitsbildender und fachlicher Vorträge und Seminare, dem Lesen unzähliger Bücher und wissenschaftlicher Fachartikel, der Teilnahme an Messen und Kongressen zu meinen Themen.

Basis für die Inhalte dieses Buches sind auch viele Gespräche und das Feedback meiner Trainingsteilnehmer, Seminarbesucher und Coaching-Klienten seit mehr als 25 Jahren. Durch viel Austausch mit Kollegen und Fachfreunden wuchs mein Wissen, ebenso durch eigene erlebte Höhen und Tiefen in meinem bisher ereignisreichen Sportler- und Berufsleben. Das alles lässt sich nicht einfach in einer „Literaturliste" zusammenbringen. Das Leben ist alles andere, als „nachweisbar". Viele Erfahrungen und Erlebnisse sind hier eingeflossen. Viele erprobte Therapien und Methoden der Komplementärmedizin, der Natur- und Erfahrungsmedizin werden seit Jahrtausenden erfolgreich praktiziert und nicht nur von mir erforscht, erprobt und umgesetzt. Ob die Shao-Lin-Tradition, das Wissen vom Leben sowie Ayurveda – die traditionelle indische Heilkunst –, das Wissen der American Natives, die Homöopathie, die Behandlungsmethoden von Hildegard von Bingen… sie alle sind bis heute nicht wissenschaftlich bewiesen und doch bekannt und erprobt.

Was Du hier in diesem Buch, in dieser Bedienungsanleitung lesen, ist nachweislich erprobt, wird von Top-Athleten gelebt und entspricht meinen Erfahrungen und dem

Leben aus mehr als 25 Jahren mit Top-Sportlern und Top-Unternehmern, manches gar seit meiner Jugend. Zitate in diesem Buch, stammen aus unzähligen Buchempfehlungen, die hier alle namentlich gar nicht benannt werden können. Nicht immer entspricht die Meinung der Autoren der meinigen, doch sind die Bücher in vielerlei Hinsicht für mich eine Quelle an Inspiration.

Clemens Ressel
O mi to fo
In Liebe und Dankbarkeit

1 Kleine Stresskunde: Das Adrenalinzeitalter

Peter Buchenau

Das Konzept der Reihe
Möglicherweise kennen Sie bereits meinen Anti-Stress-Trainer (Buchenau 2014). Das vorliegende Kapitel greift darauf zurück, weil das Konzept der neuen Anti-Stress-Trainer-Reihe die Tipps, Herausforderungen und Ideen aus meinem Buch mit den jeweiligen Anforderungen der unterschiedlichen Berufsgruppen verbindet. Die Autoren, die jeweils aus Ihrem Jobprofil kommen, schneiden diese Inhalte dann für Sie zu. Viel Erfolg und passen Sie auf sich auf.

Leben auf der Überholspur: Sie leben unter der Diktatur des Adrenalins. Sie suchen immer den neuen Kick, und das nicht nur im beruflichen Umfeld. Selbst in der Freizeit, die Ihnen eigentlich Ruhephasen vom Alltagsstress bringen sollte, kommen Sie nicht zur Ruhe. Mehr als 41 % aller Beschäftigten geben bereits heute an, sich in der Freizeit nicht mehr erholen zu können. Tendenz steigend. Wen wundert es?

C. Ressel, *Der Anti-Stress-Trainer für Sportler*,
DOI 10.1007/978-3-658-12456-4_1

Anstatt sich mit Power-Napping (Kurzschlaf) oder Extrem-Coaching (Gemütlichmachen) in der Freizeit Ruhe und Entspannung zu gönnen, macht die Gesellschaft vermehrt Extremsportarten wie Fallschirmspringen, Paragliding, Extremclimbing oder Marathon zu ihren Hobbys. Jugendliche ergeben sich dem Komasaufen, der Einnahme von verschiedensten Partydrogen oder verunstalten ihr Äußeres massiv durch Tattoos und Piercing. Sie hasten nicht nur mehr und mehr atemlos durchs Tempoland Freizeit, sondern auch durch das Geschäftsleben. Ständige Erreichbarkeit heißt die Lebenslösung. Digitalisierung und mobile virtuelle Kommunikation über die halbe Weltkugel bestimmen das Leben. Wer heute seine E-Mails nicht überall online checken kann, wer heute nicht auf Facebook, Instagram & Co. ist, ist out oder schlimmer noch, der existiert nicht.

Klar, die Anforderungen im Beruf werden immer komplexer. Die Zeit überholt uns, engt uns ein, bestimmt unseren Tagesablauf. Viel Arbeit, ein Meeting jagt das nächste, und ständig klingelt das Smartphone. Multitasking ist angesagt, und wir wollen so viele Tätigkeiten wie möglich gleichzeitig erledigen.

Schauen Sie sich doch mal in Ihren Meetings um. Wie viele Angestellte in Unternehmen beantworten in solchen Treffen gleichzeitig ihre E-Mails oder schreiben WhatsApp-Nachrichten? Kein Wunder, dass diese Mitarbeiter dann nur die Hälfte mitbekommen und Folgemeetings notwendig sind. Ebenfalls kein Wunder, dass das Leben einem davonrennt. Aber wie sagt schon ein altes chinesisches Sprichwort: „Zeit hat nur der, der sich auch Zeit nimmt." Zudem ist es unhöflich, seinem Gesprächspartner nur halb zuzuhören.

Das Gefühl, dass sich alles zum Besseren wendet, wird sich mit dieser Einstellung nicht einstellen. Im Gegenteil: Alles wird noch rasanter und flüchtiger. Müssen Sie dafür Ihre Grundbedürfnisse vergessen? Wurden Sie mit Stress oder Burn-out geboren? Nein, sicherlich nicht. Warum müssen Sie sich dann den Stress antun?

Zum Glück gibt es dazu das Adrenalin. Das Superhormon, die Superdroge der High-Speed-Gesellschaft. Bei Chemikern und Biologen auch unter C9H13NO3 bekannt. Dank Adrenalin schuften Sie wie ein Hamster im Rad. Schneller und schneller und noch schneller. Sogar die Freizeit läuft nicht ohne Adrenalin. Der Stress hat in den letzten Jahren dramatisch zugenommen und somit auch die Adrenalinausschüttung in Ihrem Körper.

Schon komisch: Da produzieren Sie massenhaft Adrenalin und können dieses so schwer erarbeitete Produkt nicht verkaufen. Ja, nicht mal verschenken können Sie es. In welcher Gesellschaft leben Sie denn überhaupt, wenn Sie für ein produziertes Produkt keine Abnehmer finden?

Deshalb die Frage aus betriebswirtschaftlicher Sicht an alle Unternehmer, Führungskräfte und Selbstständigen: Warum produziert Ihr ein Produkt, das Ihr nicht am Markt verkaufen könnt? Wärt Ihr meine Angestellten, würde ich Euch wegen Unproduktivität und Fehleinschätzung des Marktes feuern.

Stress kostet Unternehmen und Privatpersonen viel Geld. Gemäß einer Studie der Europäischen Beobachtungsstelle für berufsbedingte Risiken (mit Sitz in Bilbao) vom 04.02.2008 leidet jeder vierte EU-Bürger unter arbeitsbedingtem Stress. Im Jahre 2005 seien 22 % der europäischen Arbeitnehmer von Stress betroffen gewesen, ermittelte die Institution. Abgesehen vom menschlichen Leid bedeutet das auch, dass die wirtschaftliche Leistungsfähigkeit der Betroffenen in erheblichem Maße beeinträchtigt ist. Das kostet Unternehmen bares Geld. Schätzungen zufolge betrugen die Kosten, die der Wirtschaft in Verbindung mit arbeitsbedingtem Stress entstehen, 2002 in den damals noch 15 EU-Ländern 20 Mrd. EUR. 2006 schätzte das betriebswirtschaftliche Institut der Fachhochschule Köln diese Zahl alleine in Deutschland auf 80 bis 100 Mrd. EUR (Buchenau 2014).

60 % der Fehltage gehen inzwischen auf Stress zurück. Stress ist mittlerweile das zweithäufigste arbeitsbedingte Gesundheitsproblem. Nicht umsonst hat die Weltgesundheitsorganisation WHO Stress zur größten Gesundheitsgefahr im 21. Jahrhundert erklärt. Viele Verbände wie zum Beispiel der Deutsche Managerverband haben Stress und Burn-out auch zu zentralen Themen ihrer Verbandsarbeit erklärt.

1.1 Was sind die Ursachen?

Die häufigsten Auslöser für den Stress sind der Studie zufolge unsichere Arbeitsverhältnisse, hoher Termindruck, unflexible und lange Arbeitszeiten, Mobbing und nicht zuletzt die Unvereinbarkeit von Beruf und Familie. Neue Technologien, Materialien und Arbeitsprozesse bringen der Studie zufolge ebenfalls Risiken mit sich.

Meist Arbeitnehmer, die sich nicht angemessen wertgeschätzt fühlen und auch oft unter- beziehungsweise überfordert sind, leiden unter Dauerstress. Sie haben ein doppelt so hohes Risiko, an einem Herzinfarkt oder einer Depression zu erkranken. Anerkennung und die Perspektive, sich in einem sicheren Arbeitsverhältnis weiterentwickeln zu können, sind in diesem Umfeld viel wichtiger als nur eine angemessene Entlohnung. Diesen Wunsch vermisst man meist in öffentlichen Verwaltungen, in Behörden sowie Großkonzernen. Gewalt und Mobbing sind oft die Folge.

Gerade in Zeiten von Wirtschaftskrisen bauen Unternehmen und Verwaltungen immer mehr Personal ab. Hetze und Mehrarbeit aufgrund von Arbeitsverdichtung sind die Folge. Zieht die Wirtschaft wieder an, werden viele offene Stellen nicht mehr neu besetzt. Das Ergebnis: Viele Arbeitnehmer leisten massive Überstunden. 59 % haben Angst um ihren Job oder ihre Position im Unternehmen, wenn sie diese Mehrarbeit nicht erbringen, so die Studie.

Weiter ist bekannt, dass Druck (also Stress) Gegendruck erzeugt. Druck und Mehrarbeit über einen langen Zeitraum führen somit zu einer Produktivitäts-Senkung. Gemäß einer Schätzung des Kölner Angstforschers Wilfried Panse leisten Mitarbeiter schon lange vor einem Zusammenbruch 20 bis 40 % weniger als gesunde Mitarbeiter.

Wenn Vorgesetzte in diesen Zeiten zudem Ziele schwach oder ungenau formulieren und gleichzeitig Druck ausüben, erhöhen sich die stressbedingten Ausfallzeiten, die dann von den etwas stressresistenteren Mitarbeitern aufgefangen werden müssen. Eine Spirale, die sich immer tiefer in den Abgrund bewegt.

Im Gesundheitsbericht der Deutschen Angestellten Krankenkasse (DAK) steigt die Zahl der psychischen Erkrankungen massiv an und jeder zehnte Fehltag geht auf das Konto stressbedingter Krankheiten. Gemäß einer Studie des DGB bezweifeln 30 % der Beschäftigten, ihr Rentenalter im Beruf zu erreichen (Buchenau 2014). Frühverrentung ist die Folge. Haben Sie sich mal für Ihr Unternehmen gefragt, wie viel Geld Sie in Ihrem Unternehmen für durch Stress verursachte Ausfallzeiten bezahlen? Oder auf den einzelnen Menschen bezogen: Wie viel Geld zahlen Sie für Ihre Krankenversicherung und welche Gegenleistung bekommen Sie von der Krankenkasse dafür?

Vielleicht sollten die Krankenkassen verstärkt in die Vermeidung Stress verursachender Aufgaben und Tätigkeiten investieren anstatt Milliarden unüberlegt in die Behandlung von gestressten oder bereits von Burn-out betroffenen Menschen zu stecken. In meiner Managerausbildung lernte ich bereits vor 20 Jahren: „Du musst das Problem an der Wurzel anpacken." Vorbeugen ist immer noch besser als reparieren.

Beispiel: Bereits 2005 erhielt die London Underground den Unum Provident Healthy Workplaces Award (frei übersetzt: den Unternehmens-Gesundheitsschutz-Präventionspreis) der britischen Regierung. Alle 13.000 Mitarbeiter der London Underground wurden ab 2003 einem Stress-Regulierungsprogramm unterzogen. Die Organisation wurde angepasst, die Vorgesetzten auf Früherkennung und Stress reduzierende Arbeitstechniken ausgebildet, und alle Mitarbeiter wurden über die Gefahren von Stress und Burn-out aufgeklärt. Das Ergebnis war verblüffend. Die Ausgaben, bedingt durch Fehlzeiten der Arbeitnehmer, reduzierten sich um 455.000 britische Pfund, was einem Return on Invest von 1:8 entspricht. Mit anderen Worten: Für jedes eingesetzte britische Pfund fließen acht Pfund wieder zurück ins Unternehmen. Eine erhöhte Produktivität des einzelnen Mitarbeiters war die Folge. Ebenso verbesserte sich die gesamte Firmenkultur. Die Mitarbeiter erlebten einen positiven Wechsel in Gesundheit und Lifestyle (Buchenau 2014).

Wann hören Sie auf, Geld aus dem Fenster zu werfen? Unternehmer, Führungskräfte, Personalverantwortliche und Selbstständige müssen sich deshalb immer wieder die Frage stellen, wie Stress im Unternehmen verhindert oder gemindert werden kann, um Kosten zu sparen und um somit die Produktivität und Effektivität zu steigern. Doch anstatt in Stresspräventionstrainings zu investieren, stehen landläufig weiterhin die Verkaufs- und Kommunikationsfähigkeiten des Personals im Fokus. Dabei zahlt sich, wie diese Beispiele beweisen, Stressprävention schnell und nachhaltig aus: Michael Kastner, Leiter des Instituts für Arbeitspsychologie und Arbeitsmedizin in Herdecke, beziffert die Rentabilität: „Eine Investition von einem Euro in eine moderne Gesundheitsförderung zahlt sich nach drei Jahren mit mindestens 1,8 EUR aus.“

1.2 Überlastet oder gar schon gestresst?

Modewort Stress … Der Satz „Ich bin im Stress“ ist anscheinend zum Statussymbol geworden, denn wer so viel zu tun hat, dass er gestresst ist, scheint eine gefragte und wichtige Persönlichkeit zu sein. Stars, Manager, Politiker gehen hier mit schlechtem Beispiel voran und brüsten sich in der Öffentlichkeit damit, „gestresst zu sein“. Stress scheint daher beliebt zu sein und ist immer eine willkommene Ausrede.

Es gehört zum guten Ton, keine Zeit zu haben, sonst könnte ja Ihr Gegenüber meinen, Sie täten nichts, seien faul, hätten wahrscheinlich keine Arbeit oder seien ein Versager. Überprüfen Sie mal bei sich selbst oder in Ihrem unmittelbaren Freundeskreis die Wortwahl: Die Mutter hat Stress mit ihrer Tochter, die Nachbarn haben Stress wegen der neuen Garage, der Vater hat Stress, weil er die Winterreifen wechseln muss, der Arbeitsweg ist stressig, weil so viel Verkehr ist, der Sohn kann nicht zum Sport, weil die Hausaufgaben ihn stressen, der neue Hund stresst, weil die Tochter, für die der Hund bestimmt war, Stress mit ihrer besten Freundin hat – und dadurch keine Zeit.

Ich bin gespannt, wie viele banale Erlebnisse Sie in Ihrer Familie und in Ihrem Freundeskreis entdecken.

Gewöhnen sich Körper und Geist an diese Bagatellen, besteht die Gefahr, dass wirkliche Stress- und Burn-out-Signale nicht mehr erkannt werden. Die Gefahr, in die Stressspirale zu geraten, steigt. Eine Studie des Schweizer

Staatssekretariats für Wirtschaft aus dem Jahr 2000 untermauerte dies bereits damit, dass sich 82 % der Befragten gestresst fühlen, aber 70 % ihren Stress im Griff haben (Buchenau 2014). Entschuldigen Sie meine provokante Aussage: Dann haben Sie keinen Stress.

Überlastung … Es gibt viele Situationen von Überlastung. In der Medizin, Technik, Psyche, Sport et cetera hören und sehen wir jeden Tag Überlastungen. Es kann ein Boot sein, welches zu schwer beladen ist. Ebenso aber auch, dass jemand im Moment zu viel Arbeit, zu viele Aufgaben, zu viele Sorgen hat oder dass ein System oder ein Organ zu sehr beansprucht ist und nicht mehr richtig funktioniert. Beispiel kann das Internet, das Stromnetz oder das Telefonnetz sein, aber auch der Kreislauf oder das Herz.

Die Fachliteratur drückt es als „momentan über dem Limit" oder „kurzzeitig mehr als erlaubt" aus. Wichtig ist hier das Wörtchen „momentan". Jeder von uns Menschen ist so gebaut, dass er kurzzeitig über seine Grenzen hinausgehen kann. Jeder von Ihnen kennt das Gefühl, etwas Besonders geleistet zu haben. Sie fühlen sich wohl dabei und sind meist hinterher stolz auf das Geleistete. Sehen Sie Licht am Horizont und sind Sie sich bewusst, welche Tätigkeit Sie ausführen und zudem, wie lange Sie an einer Aufgabe zu arbeiten haben, dann spricht die Stressforschung von Überlastung und nicht von Stress. Also dann, wenn der Vorgang, die Tätigkeit oder die Aufgabe für Sie absehbar und kalkulierbar ist. Dieser Vorgang ist aber von Mensch zu Mensch unterschiedlich. Zum Beispiel fühlt sich ein Marathonläufer nach 20 km überhaupt nicht überlastet, aber der übergewichtige Mensch, der Schwierigkeiten hat, zwei Stockwerke hochzusteigen, mit Sicherheit. Für ihn ist es keine Überlastung mehr, für ihn ist es Stress.

1.3 Alles Stress oder was?

Stress … Es gibt unzählige Definitionen von Stress und leider ist eine Eindeutigkeit oder eine Norm bis heute nicht gegeben. Stress ist individuell, unberechenbar, nicht greifbar. Es gibt kein Allheilmittel dagegen, da jeder Mensch Stress anders empfindet und somit auch die Vorbeuge- und Behandlungsmaßnahmen unterschiedlich sind.

Nachfolgende fünf Definitionen bezüglich Stress sind richtungsweisend:

> Stress ist ein Zustand der Alarmbereitschaft des Organismus, der sich auf eine erhöhte Leistungsbereitschaft einstellt (Hans Seyle 1936; ein ungarisch-kanadischer Zoologe, gilt als der Vater der Stressforschung).

> Stress ist eine Belastung, Störung und Gefährdung des Organismus, die bei zu hoher Intensität eine Überforderung der psychischen und/oder physischen Anpassungskapazität zur Folge hat (Fredrik Fester 1976).

> Stress gibt es nur, wenn Sie ‚Ja‘ sagen und ‚Nein‘ meinen (Reinhard Sprenger 2000).

Stress wird verursacht, wenn du ‚hier' bist, aber ‚dort' sein willst, wenn du in der Gegenwart bist, aber in der Zukunft sein willst (Eckhard Tolle 2002).

Stress ist heute die allgemeine Bezeichnung für körperliche und seelische Reaktionen auf äußere oder innere Reize, die wir Menschen als anregend oder belastend empfinden. Stress ist das Bestreben des Körpers, nach einem irritierenden Reiz so schnell wie möglich wieder ins Gleichgewicht zu kommen (Schweizer Institut für Stressforschung 2005).

Bei allen fünf Definitionen gilt es zu unterscheiden zwischen negativem Stress – ausgelöst durch im Geiste unmöglich zu lösende Situationen – und positivem Stress, welcher in Situationen entsteht, die subjektiv als lösbar wahrgenommen werden. Sobald Sie begreifen, dass Sie selbst über das Empfinden von freudvollem Stress (Eu-Stress) und leidvollem Stress (Di-Stress) entscheiden, haben Sie Handlungsspielraum.

Bei **positivem Stress** wird eine schwierige Situation als positive Herausforderung gesehen, die es zu bewältigen gilt und die Sie sogar genießen können. Beim positiven Stress sind Sie hoch motiviert und konzentriert. Stress ist hier die Triebkraft zum Erfolg.

Bei **negativem Stress** befinden Sie sich in einer schwierigen Situation, die Sie noch mehr als völlig überfordert. Sie fühlen sich der Situation ausgeliefert, sind hilflos, und es werden keine Handlungsmöglichkeiten oder Wege aus der Situation gesehen. Langfristig macht dieser negative Stress krank und endet oft im Burn-out.

1.4 Burn-out – Die letzte Stressstufe

Burn-out … Als letzte Stufe des Stresses tritt das sogenannte Burn-out auf. Nun hilft keine Medizin und Prävention mehr; jetzt muss eine langfristige Auszeit unter professioneller Begleitung her. Ohne fremde Hilfe können Sie der Burn-out-Spirale nicht entkommen. Die Wiedereingliederung eines Burn-out-Klienten zurück in die Arbeitswelt ist sehr aufwendig. Meist gelingt das erst nach einem Jahr Auszeit, oft auch gar nicht.

Nach einer Studie der Freiburger Unternehmensgruppe Saaman aus dem Jahr 2007 haben 45 % von 10.000 befragten Managern Burn-out- Symptome. Die gebräuchlichste Definition von Burn-out stammt von Maslach und Jackson aus dem Jahr 1986: „Burnout ist ein Syndrom der emotionalen Erschöpfung, der Depersonalisation und der reduzierten persönlichen Leistung, das bei Individuen auftreten kann, die auf irgendeine Art mit Leuten arbeiten oder von Leuten beeinflusst werden“ (Buchenau 2014).

Burn-out entsteht nicht in Tagen oder Wochen. Burn-out entwickelt sich über Monate bis hin zu mehreren Jahren, stufenweise und fortlaufend mit physischen, emotionalen und mentalen Erschöpfungen. Dabei kann es immer wieder zu zwischenzeitlicher Besserung und Erholung kommen. Der fließende Übergang von der normalen Erschöpfung über den Stress zu den ersten Stadien des Burn-outs wird oft nicht erkannt, sondern als „normale“ Entwicklung akzeptiert. Reagiert der Betroffene in diesem Zustand nicht auf die Signale, die sein Körper ihm permanent mitteilt und ändert der Klient seine inneren oder äußeren Einfluss- und Stressfaktoren nicht, besteht die Gefahr einer sehr ernsten Erkrankung. Diese Signale können dauerhafte Niedergeschlagenheit, Ermüdung, Lustlosigkeit, aber auch Verspannungen und Kopfschmerzen sein. Es kommt zu einer kreisförmigen, gegenseitigen Verstärkung der einzelnen Komponenten. Unterschiedliche Forschergruppen haben auf der Grundlage von Beobachtungen den Verlauf in typische Stufen unterteilt.

Wollen Sie sich das alles antun?

Leider ist Burn-out in den meisten Firmen ein Tabuthema – die Dunkelziffer ist groß. Betroffene Arbeitnehmer und Führungskräfte schieben oft andere Begründungen für ihren Ausfall vor – aus Angst vor negativen Folgen, wie zum Beispiel dem Verlust des Arbeitsplatzes. Es muss ein Umdenken stattfinden!

Wen kann es treffen? Theoretisch sind alle Menschen gefährdet, die nicht auf die Signale des Körpers achten. Vorwiegend trifft es einsatzbereite und engagierte Mitarbeiter, Führungskräfte und Selbstständige. Oft werden diese auch von Vorgesetzten geschätzt, von Kollegen bewundert, vielleicht auch beneidet. Solche Menschen sagen auch nie „nein“; deshalb wachsen die Aufgaben, und es stapeln sich die Arbeiten. Dazu kommt oft, dass sich Partner, Freunde und Kinder über zu wenig Zeit und Aufmerksamkeit beklagen. Wie Sie „Nein“ sagen erlernen, erfahren Sie später.

Aus eigener Erfahrung kann ich sagen, dass der Weg zum Burn-out anfänglich mit kleinsten Hinweisen gepflastert ist, kaum merkbar, unauffällig, vernachlässigbar. Es bedarf einer hohen Achtsamkeit, um diese Signale des Körpers und der realisierenden Umwelt zu erkennen. Kleinigkeiten werden vergessen und vereinbarte Termine werden immer weniger eingehalten. Hobbys und Sport werden – wie bei mir geschehen – erheblich vernachlässigt. Auch mein Körper meldete sich Ende der neunziger Jahre mit leisen Botschaften: Schweißausbrüche, Herzrhythmusstörungen, schwerfällige Atmung und unruhiger Schlaf waren die Symptome, die anfänglich nicht von mir beachtet wurden.

Abschlusswort

Eigentlich ist Burn-out- oder Stressprävention für Sportler ganz einfach. Tipps gibt es überall und Zeit dazu auch. Sie, ja Sie, Sie müssen es einfach nur tun. Viel Spaß und Unterhaltung beim nun folgenden Beitrag von Clemens Ressel.

Literatur

Buchenau P (2014) Der Anti-Stress-Trainer. Springer, Wiesbaden

2
„Lebenslange ‚Energie-Tankstelle' ohne Medikamente", das nenne ich mental fit sein

Hallo und herzlich willkommen in einem kurzen, aber intensiven Buch-Training mit dem inspirierenden Untertitel „Wenn Dein Kopf streikt und Dein Körper folgt".

Sprechen wir gleich zu Beginn Klartext.

Was wäre, wenn Sie ab sofort ohne Medikamenten-Schrank und Arztbesuche auskämen und jederzeit und an jedem Ort Ihre mentale Fitness voll einsetzen und Ihre Stressoren so weit besänftigen, dass die Ihnen nichts mehr antun können? Dass Sie Burn-out als das sehen, was es tatsächlich ist … nichts anderes als eine Belastungsdepression?

Na prima, dann packen wir es gleich mal an.

Sie sind morgens schon unterwegs und „bewegen" die Welt? Dann willkommen im Klub. Sie sagen sich, es gibt

C. Ressel, *Der Anti-Stress-Trainer für Sportler*,
DOI 10.1007/978-3-658-12456-4_2

für Sie keine Probleme, sondern Herausforderungen und Situationen? Dann legen Sie diese Bedienungsanleitung zur Seite und schenken Sie es einer Person, die gerade nicht weiß, wie sie mit gewissen Dingen im Leben umgehen soll.

Haben Sie schon einmal darüber nachgedacht, was geschehen würde, wenn Sie mit vollem Akku Ihr gesamtes Potenzial abrufen könnten? Nie wieder ausgebrannt sein? Kein Stress? Völlige mentale Fitness? Kein Energie-Kannibalismus?

Welches Leben würden Sie wohl führen, wenn Sie morgen früh aufwachen und mit voller Energie aus dem Bett springen? Was für ein Leben ist es, wenn Sie Ihre volle Leistung jederzeit abrufen können ohne dabei in Stress zu geraten?

Sicher sind viele Augen auf Sie gerichtet und Sie stehen an vorderster Front. Das ist im Top-Sport nun mal der Preis des Heldentums: Vorderste Front, alle Augen auf Sie gerichtet.

Das liegt wohl daran, weil Sie…

… nicht quatschen, sondern machen und dabei Ihr Ziel verfolgen,

… schon eine große Portion sportlicher Lebenserfahrungen mitbringen,

… selbst für die kleinen und großen Wehwehchen in Ihrem Körper nach gesunden Antworten suchen.

Genau deshalb sind irgendwie alle Augen auf Sie gerichtet, wenn es um Ergebnisse, Erfolge und Leistungen, und bestimmt auch um Ihre Zukunft und die Ihres Umfeldes geht.

Ständig stehen Sie unter Strom. So richtig abzuschalten ist purer Luxus. Und Warnzeichen Ihres Körpers und Ihrer Seele, die ignorieren Sie völlig.

Sehen Sie, ich kenne Sie besser, als Sie dachten. Denn ich war vor ein paar Jahren genau an der gleichen Stelle wie Sie heute. Und heute weiß ich aus 20 Jahren Trainererfahrung und Arbeit in der Prävention, es sind viele – genau wie Sie – auf der Suche nach vorbeugenden Lösungen, besonders im Leistungssport und bei den Entscheidern in der Wirtschaft. Es gilt, die alltagstauglichen Dinge herauszufiltern ohne stundenlang in der Therapie zu sitzen oder das Internet nach Lösungen zu durchforsten.

Nicht nach irgendwelchen Feld-, Wald- und Wiesenlösungen suchen, die im Internet rumschwirren oder theoretischen Denkmustern von weltfremden Pseudoexperten. Nein, ich spreche von echten vorbeugenden Lösungen.

Ich meine, handfeste, direkt umsetzbare Praxistipps aus dem Sport und für den Sport und professionelle Anleitungen, die auch tatsächlich Resultate bringen und Ihnen somit einen alltäglichen Schutz bieten. Und das nicht nur im Sport, sondern auch im Berufsleben und in der vollgepackten Freizeit.

Und das bedeutet für Sie eine auf die Zukunft ausgerichtete Selbstführung mit dem Ziel,

… dass Sie endlich die Wege zum Medikamentenschrank verlassen und

… dass Sie sich wieder wie ein Energiebündel fühlen, und das ohne diese ganzen Nebenwirkungen.

Sie sehen schon, hier sind hochwirksame Methoden und Ihr persönlicher Wille gefragt. Und genau daran werden wir in diesem kleinen Handbuch arbeiten. Sie werden es nicht einfach nur durchlesen!

Den Willen, nicht in diese Belastungsdepression, oder auch modern „Burnout" genannt, hineinzugeraten, den unterstelle ich Ihnen an dieser Stelle.

Sonst hätten Sie nicht zu diesem Buch gegriffen.

Kommen wir also zu den hochwirksamen Methoden.

Wissen Sie, erfolgreiche Sportpersönlichkeiten machen es Ihnen bereits vor. Sie leisten sich für die unterschiedlichsten Bereiche Coaches, Trainer und Mentoren. Allesamt Unterstützer. Wohl wissend, dass sich die Investition in diese Experten lohnt. Aber welcher Sportler und Trainer kann sich Coaches überhaupt leisten? Trainer wie ich, für die jeweils mehr als 2,3 oder gar 5000 EUR oder CHF netto und mehr am Tag gezahlt werden?

Das können nur wenige.

Dazu brauchen Sie Sponsoren oder eine gut geschulte Abteilung in den Vereinen, in den Klubs. Ich habe zwar Zeit meines Lebens selbst unzählige Summen hingeblättert, doch heute weiß ich, es ist ein Irrglauben, anzunehmen, es ginge nur auf diesem Wege.

Ich gebe Ihnen in diesem kleinen Handbuch mehrere teils seit Jahrtausenden erprobte und alltagstauglich umsetzbare Lösungen an die Hand, gepaart mit den Erkenntnissen aus der Trainingslehre und der modernen Wissenschaft. Damit arbeite ich erfolgreich mit Nationalteams und vielen Champions. Ich gehe einen entscheidenden Schritt weiter als die bloße Theorie in Lesebüchern.

Weil ich Sie dabei unterstütze, dass es Ihnen ab sofort besser geht.

Warum tue ich das überhaupt?

Ganz einfach: Weil ich einer von Ihnen bin. Ich hatte auch bei Geburt keine Gene eines Überfliegers in mir, meine Kindheit war nicht wirklich mit dem Segen ausgerüstet, mein Talent zum Strahlen zu bringen. Ich durfte einfach keinen Hochleistungssport treiben, also tat ich es heimlich.

Und was glauben Sie, wie meine Schulnoten aussahen? Ich weiß zu gut, wie es Menschen geht, die aus Hingabe und Leidenschaft alles geben – ja, auch weit über die eigenen Grenzen hinaus und dabei nicht sofort die Resultate erlangen, nach denen sie sich sehnen.

Mehr als zwei Jahrzehnte Training mit Top-Sportlern und Top-Entscheidern in der Wirtschaft stecke ich hier in dieses Handbuch hinein. Ich liefere Ihnen eine hochwirksame „Stress-Notfall-Nummer", die Sie als Energiespender nutzen können. Immer und immer wieder. Sooft Sie wollen. Ein Leben lang. Und vor allem „Keep it simple" … vollkommen unkompliziert.

Außerdem erhalten Sie in diesem Buch selbst auf die kniffligsten Fragen über Stress, Burn-out- oder Leistungsangelegenheiten garantiert eine alltagstaugliche und einfach umzusetzende Antwort und kein Fachchinesisch für Fortgeschrittene, das Sie niemals umsetzen werden, geschweige denn verstehen werden.

Und das ist es, worum es mir in allem geht: Umsetzen!

Lassen Sie sich überraschen und entdecken Sie nun, wie Sie

… ab sofort Ihren ganz persönlichen Schutz aufbauen.
… nie mehr Ihre volle „Energie-Tankstelle“ übersehen.
… die wichtigsten Energiequellen freischaufeln.
… unabhängig von Ihren wiederkehrenden Arztbesuchen werden.

2.1 Auf in die Startposition!

Es mag Ihnen wie eine Zaubermusik erklingen, wenn ich Ihnen verspreche, dass all die hervorragenden Resultate meiner Schützlinge aufgrund der angewandten Werkzeuge entstanden sind.

Mal ganz ehrlich, was hält Sie denn wirklich davon ab, das Leben, das Sie sehnlichst leben wollen jetzt und jederzeit mit freiem Kopf und Frieden im Herzen, also mit voller mentaler Fitness und Energie zu genießen? Was ist es wirklich? Haben Sie sich jemals darüber Gedanken gemacht?

Oder gehören Sie zu der Fraktion Großstädter, die bei jedem Pups zu ihrem Hausarzt oder ins Krankenhaus vorne an der Ecke rennen, um dort als wiederkehrender Kunde mit anfangs leichten Psychopharmaka und dann zunehmend mit jeder weiteren Form von „Bleib ruhig und leg Dich hin“- Methoden das Leben zu verschenken?

Ich schreibe, wie ich spreche… geradeaus und auf den Punkt. Unsere Körperzellen verstehen nun mal keine Blümchensprache. Unser Hirn mag dies zwar gerne den anderen Köperzellen vorgaukeln, doch da treffen durchaus zwei vollkommen konträre Welten aufeinander. Der eine versteht den anderen nicht.

Wie steht es mit Ihnen? Fühlen Sie sich manchmal auch vollkommen ausgebrannt, unverstanden und lustlos? Dann ist es bei Ihnen auch nicht anders als damals bei mir und vielen meiner Klienten, wenn sie in unsere Praxis kommen oder in Seminaren auf mich zukommen.

In dem Moment der Lustlosigkeit, des Ausgebrannt-Fühlens und des Unverstanden-Fühlens, laufen dann anfangs kleine und, bei konsequenter Missachtung, zunehmend immer gröbere Selbstsabotage- Programme in Ihrem Kopf ab.

Sie kennen doch nicht rein zufällig vielleicht jemanden, der sein eigenes Leben sabotiert?

Womöglich Sie selbst?

Mein Ziel ist es, dass dieses kleine Handbuch Ihre Bedienungsanleitung, Ihre Blaupause für wundervolle Resultate, Ihre Formel: „Schluss mit Stress!" ist. Doch bevor ich hier einen Vortrag über Techniken niederschreibe, Ihnen Werkzeuge an die Hand gebe, die meinen Klienten geholfen haben, gestatten Sie mir eine deutliche Frage an Sie.

Doch vorher möchte ich einen kurzen Deal mit Ihnen eingehen. Wir Sportler leben in einer Welt des Respekts und der Anerkennung des Anderen. Niemand wird sich hier also bitte beleidigt fühlen, wenn ich auf die Anrede unseres Sportler-Stalls wechsle. Dem respektvollen DU.

Danke.

Kommen wir mal zu Deinem Wollen…

Willst Du wirklich Deine Blockaden und Hindernisse beseitigen? Obwohl Du sie so lieb gewonnen hast? Ich arbeite seit über zwei Jahrzehnten mit diesen Werkzeugen, die ja nicht ich selbst entwickelt und erforscht habe. Nein, ich habe sie angewandt, mehrfach und immer wieder. Ich habe ausprobiert, immer und immer wieder, und dann die für mich passende Strategie daraus kreiert, die ich noch heute erfolgreich anwende. Und seit über 20 Jahren setze ich sie mit Spitzensportlern in wirklichen Drucksituationen um.

Ja, ich bin der Kerl, bei dem das Handy klingelt, wenn der Top-Sportler kurz vor dem Finale ins Loch fällt, wenn der Top-Entscheider sich der Tragweite seiner Entscheidung bewusst wird und die Angst ihn plötzlich lähmt. Ich werde gerufen, wenn der Golfer eben noch fünf Schläge vorne lag und plötzlich drei Schläge hinten liegt.

Sie rufen mich nicht, weil ich Ihnen eine Motivationsspritze verpasse und mit Getöse irgendwelche Zaubersprüche zurufe. Sie rufen mich, weil ich ihre Performance nachhaltig wieder an die Spitze oder auf den Gipfel bringen soll. Und das zählt!

Doch gehen wir ein paar Jahre zurück. Als ich nach meinem gesundheitlichen Aus, als Spieler auf höchstem Niveau, im Kopf leer war, stellte ich fest, dass die Top-Performer weder besser sind als ich, noch klüger sind als ich. Also was machen Sie anders???

Sprechen wir über das, was sie die meiste Zeit denken. Sprechen wir über die Art von Energie, die sie versprühen. Die sind weg, weit weg von Belastungsdepressionen.

Was denken die Top-Performer eigentlich die meiste Zeit?

Denken sie an Drucksituationen, die sie meistern müssen oder an das Gelingen des Projektes, weshalb sie gerade unter Druck stehen?

Na, was denkst Du?

____

____

____

Denkst Du eher an Deine unbezahlten Rechnungen, den leeren Kühlschrank, die vielen Entbehrungen oder an THE BIG ONE – das ganz große Ziel Deines Trainingsplans?

Ich hoffe, dass da tatsächlich ein exaktes Ziel steht, was ich in den meisten Fällen bezweifle. Über 97 % der von mir Befragten haben nämlich keine konkreten Ziele, keine konkreten Pläne.

Meist faseln sie mir irgendeine Rechtfertigung zu und verwickeln sich in Widersprüche und Konflikte. Wollen Meister ihres Fachs werden, aber lieben die nächtlichen Streifzüge mit ihren Freunden. Wollen Champion sein, und behandeln ihren Körper wie eine Müllkippe.

Nun... Warum geraten wir Sportler eigentlich in Stress? Im Grunde doch, weil wir in Situationen hineingeraten, die wir nicht kennen oder in denen wir einfach schwach vorbereitet sind, weil wir uns vollkommen falsch ernähren und den Körperzellen somit jegliche Energie rauben.

Aber der Reihe nach

Hosen runter, wir wissen ganz genau, wenn wir schwach vorbereitet sind und hoffen, dass wir nicht erwischt werden.

Auf die Situationen, die wir nicht kennen, gehe ich jetzt nicht ein, denn Mangel an Informationen im entscheidenden Moment ist schlichtweg Dummheit. Deshalb kann ich hier auch keinen Tipp zur Stressbewältigung abgeben, außer den einen… Hole Dir alles notwendige Wissen über Wind, Wetter, Gegner, Taktik, Ort und Zeit.

Nur ein ahnungsloser Trainer hat keine Taktik, keine Kenntnisse von Wind, Wetter, Gegner, Taktik, Ort und Zeit. Das Gleiche gilt für Sportler, die von sich das Beste abverlangen.

Der Mangel an Information ist nur auf einem Wege zu eliminieren … Hole Dir die fehlende Information sofort ein.

Stellt sich die Frage: Bist Du tatsächlich auf Deine Wettkampfsituation vorbereitet, bist Du präpariert? Nein?

Du gehst ernsthaft in einen Wettkampf mit dem Gedanken „Die werden mich dabei schon nicht erwischen, dass ich unvorbereitet bin.“? Ups

2.2 Fehler Nummer 1

Selbstlüge ist der größte Stressfaktor in unserem Sportlerdasein! Ein Trainer, der für seinen Schützling keinen Plan hat, ist in meinen Augen kein Trainer. Er ist ein Flaschenträger, denn er verrät das „Versprechen“ an seinen

Schützling, für den Erfolg, für das Ziel wirklich alles einzusetzen. Und das tut er dann definitiv nicht.

Und der Sportler, der mit der La-Paloma-Mentalität zum Training geht, der hat es doch nicht anders verdient, als in den Stress zu geraten, weil er vollkommen unvorbereitet ist. Stimmst Du mit mir überein?

Es sind harte und für einige vermutlich auch unverfrorene Worte. Manch einer/eine schmeißt dieses Buch jetzt vor Empörung gar in die Ecke. Doch dieser Stressausdruck geschieht nur dann, wenn Du Dich genau jetzt angesprochen fühlst.

2.3 Fehler Nummer 2

Ich rühre noch weiter in der offenen Wunde… Wie steht es mit dem Stressfaktor Verletzungspause? Bist Du auch dort vorbereitet, was geschehen könnte? Hast Du vor Deinem geistigen Auge – wir nennen es im Top-Sport auch „Kopfkino" – alle Eventualitäten durchgespielt? Hast Du wirklich einen Plan, wie Du wieder fit wirst? Das Thema werde ich später mit Dir noch vertiefen.

Zu Beginn dieser Bedienungsanleitung geht es mir um eine ganz bestimmte Art und Weise, die verhindert, dass eine Stresssituation völlig aus dem Ruder läuft und wir sie nicht mehr einfangen können.

Dazu brauchen wir eine ganz bestimmte Art von Energie. Ich rede jetzt nicht von der Energie, die wir von Mohammad Ali kennen… Andere anbrüllen und sich selber größer machen. Mir geht es um die Energie zwischen Deinen Ohren – der mentalen Power.

Was verstehst Du unter mentaler Power? Schreibe es Dir bitte hier auf.

____

____

____

Meine persönliche Auflösung erfährst Du in diesem Handbuch.

Es gibt Menschen, die dafür berühmt sind, wie sie die Macht ihrer Gedanken einsetzen und für sich nutzen und damit eben nicht in Stresssituationen geraten, aus denen sie nicht mehr von selbst herauskommen.

Michael Schumacher galt mehr als zehn Jahre als weltbester Formel-1-Fahrer. Obwohl alle fast die gleichen Rennwagen steuerten, genauso viel an Gewicht wogen und dieselben Knöpfe im Cockpit hatten, fuhr Michael immer wieder schneller, souveräner und sicherer als alle anderen. Nur woher kommt diese Leichtigkeit? Leichtigkeit, selbst in den außergewöhnlichsten Drucksituationen schneller, souveräner und sicherer zu sein als alle anderen?

Was meinst Du? Warum konnte Michael diese Leichtigkeit ausstrahlen und warum scheiterst Du oft daran? Sei bitte ehrlich zu Dir selbst, denn es geht hier nicht um Michael, es geht hier um Dich!

____

____

____

1991 gewann Michael Stich, überraschend und doch sehr souverän, das Tennisturnier von Wimbledon. Das Bild seiner Siegespose ging in die Geschichte ein und wurde bisher noch von niemandem kopiert. Was gab ihm damals die Power und die Geschicklichkeit, Wimbledon so souverän zu gewinnen?

Was meinst Du? Notiere es Dir bitte.

Neil Armstrong betrat am 20.07.1969 als erster Mensch den Mond und meinte, das sei ja hier alles genauso wie im Training. Was gab ihm die Gewissheit und Zuversicht für diese sehr risikovolle technische Mission, die er nicht in einer ausufernden Stresssituation erlebte, immerhin hing sein Leben an einer einzigen Schnur.

Was meinst Du? Notiere es Dir bitte ebenso.

Die boxenden Klitschko Brüder Vitali und Wladimir hatten in jedem ihrer Kämpfe durchschnittlich 100 Treffer mehr als ihre Gegner geboxt. Woher nehmen sie Ihre Gewissheit des Siegens und der damit einhergehenden Überlegenheit?

Was meinst Du? Mach' bitte auch hier ein paar spontane Gedanken-Notizen.

Es waren Gedanken, die man heutzutage als „Powergedanken" bezeichnet. Weit weg vom Stress, von Belastungsdepression! Weit weg vom Gedanken, versagen zu können.

Eigentlich sind diese Leute, Michael Schumacher, Michael Stich, Neil Armstrong und die Klitschko Brüder, Menschen wie Du und ich. Und doch haben sie etwas, was andere nicht haben. In ihrem Kopf waren und sind Gedanken, die ihnen unendlich viel Kraft, Mut und Ausdauer gegeben und nicht den Stressknopf bis zum Anschlag bedient haben.

Christoph Kolumbus segelte 1492 auf volles Risiko nach Westen über den Atlantik, obwohl er noch nicht einmal wusste, ob oder wann er jemals Indien, sein Ziel, auf dem Westweg erreichen würde. Was war es, was gab ihm den Mut zu dieser tollkühnen Tat? Was war es, das ihn immer wieder dazu gebracht hat, jegliche Meuterei in der Truppe zu entschärfen? Und das ist mehr als eine kleine Stresssituation… hier ging es um Leben und Tod… somit reale Todesangst …

Was meinst Du?

____

____

____

Wenn wir zurückschauen, dann wurden große Leistungen großer Frauen und Männer auf eine besondere Charakterstärke zurückgeführt. Meinst Du, sie alle könnten ihre Erfolge stressfrei errungen haben? Sicher nicht. Doch lag ihr Fokus auf dem Stressfaktor oder auf das zu Erreichende.

Neue Wissenschaftler stehen mittlerweile bei der Reizüberflutung auf dem Standpunkt, dass das Ziel schon Stress auslösen könnte.

Nun ja, dann hast Du Dir falsche Ziele gesetzt! … ist meine knappe Antwort. Betrachten wir aber diese

Beispiele hier genauer, so waren es ganz bestimmte Gedanken und nicht Stressfaktoren, die diesen bekannten Persönlichkeiten Kraft, Zuversicht, Mut, Überlegenheit und Leichtigkeit in extremen Ausmaßen ermöglicht haben.

Wir alle kennen Gedanken, aus denen wir Kraft und Zuversicht schöpfen. Das sind die Gedanken an unsere Familie, unsere Gedanken an schöne Urlaube, an ganz bestimmte Kontoauszüge oder an Szenen in unserem Leben, wo wir richtig gut drauf waren und wo einfach alles für uns gestimmt hat. Und dennoch würden wir spontan sagen, dass wir nicht annährend solch' wirkungsvolle Gedanken fabrizieren könnten, wie ein Kolumbus, ein Schumacher oder Frauen wie Jeanne d'Arc oder Hildegard von Bingen (um hier zwei meiner Lieblingsfrauen zu nennen).

Sind sie nun besonders willensstark oder sind wir in erster Linie willensschwach? Ich denke weder noch! Sie wussten um die Möglichkeiten und Wirkungen von mentalen Strategien. Und wir? Und Du?

Hoppla… Was sind überhaupt mentale Strategien? Hokuspokus oder trockener Wissenschaftskram?

Hier mal die Frage an Dich: Was sind für Dich mentale Strategien? Beschreibe sie bitte kurz.

Wir sprechen von mentalen Strategien, wenn wir in der Lage sind, unsere Gedanken bewusst wahrzunehmen. Wir sprechen von mentalen Strategien, wenn wir die Gedanken, die uns nicht passen, bewusst abschalten und neue, selbst gewählte Gedanken bewusst denken. Diese neuen Gedanken bewusst vorstellen, sie visualisieren und abspeichern. Damit programmieren wir unser Unterbewusstsein vollkommen neu.

Nach mehr als 20 erfolgreichen Jahren im mentalen Training weiß ich, dass es jedem Menschen möglich ist, mentale Strategien zu erlernen. Es ist sogar einfacher als das althergebrachte Wissenslernen in unseren Schulen oder das Lernen, wie wir uns im Straßenverkehr verhalten müssen oder, wenn wir Tauchen lernen.

Was hat das jetzt bitte mit dem Stress zu tun, den Du immer wieder empfindest?

Sicher hast Du es unzählige Male erlebt: Du bist mit Deinen Gedanken völlig festgefahren und steckst in einem Teufelskreis. Bestimmte Ängste und Sorgen kommen immer wieder hoch und wir können sie einfach nicht abschalten. Wir suchen nach einer Lösung für irgendetwas, aber uns fallen irgendwie immer mehr Gründe ein, warum es nicht klappen oder niemals funktionieren kann. Wir wollen einschlafen, aber es gehen uns tausend Gedanken durch den Kopf und wir können einfach nicht abschalten. Kennst Du das? Meistens sind es Gedanken, die mit negativen Gefühlen verknüpft sind und die werden wir so leicht nicht wieder los.

Hier mal eine spontane Aufgabe, die Dir viel Mehrwert liefern wird: Welche 3 torpedierenden Gedanken kennst Du aus Deinem Erleben?

____

____

____

Das sind dann genau die Situationen, in denen Du den Kopf nicht frei bekommst, obwohl Du es unbedingt möchtest. Ich sympathisiere hier mit Dir, denn wir haben es einfach nicht gelernt, auf ein bestimmtes Signal hin abzuschalten. Aber genau das können wir lernen.

Das Abschaltenkönnen von Gedanken ist eine, wenn nicht gar „die" Grundfähigkeit aus dem großen Arsenal der mentalen Strategien der Top-Sportler, der Champions. Scheint Dir das – wie so vielen – unglaublich oder gar unmöglich?

Wohl deshalb, weil Du es oft genug nicht geschafft hast, und weil Du vielleicht sogar darunter gelitten hast. Ängste und Sorgen, quälende Gedanken können etwas Furchtbares sein, besonders, wenn wir sie nicht abschalten können. Solche negativen Erlebnisse graben sich ganz besonders tief in unser Unterbewusstsein ein.

Und doch, wissen wir heute, ist es möglich, unsere Gedanken bewusst zu steuern. Es ist möglich, es ist einfach, und es ist erlernbar.

Ich behaupte sogar, es ist eine der wichtigsten Anforderungen in unserer Zeit. Spinnt der Ressel?

Wir leben im Informations-Zeitalter – Bits und Bytes – und die Überflutung mit Informationen nimmt drastisch zu. Das Problematische an dieser Flut ist nicht so sehr die Auswahl der für uns wichtigen Informationen, sondern die mit der Auswahl verbundenen Gefühle. Also z. B. Gefühle von Bedrohung, das Gefühl von Verunsicherung, die immer größer werdende Zeitnot und all die Stressmacher. „Burnout für alle" lässt grüßen …

So entsteht sehr schnell ein sich immer schneller drehendes Gedankenkarussell von negativen Gedanken. Ein Karussell, von dem du nicht mehr abspringen kannst, so schnell dreht es sich.

Was heutzutage dringend von jedem – auch von Dir – gebraucht wird, ist ein Training für den gezielten Umgang mit diesem Karussell an negativen Gedanken.

Und das ist ein Hauptbestandteil von mentalem Training, ein Hauptteil unserer Trainings mit Menschen, die ihre wirkliche Top-Performance erreichen wollen.

Merke Dir bitte ganz genau: Mental fit bist Du genau dann, wenn Du jederzeit in der Lage bist, Deine negativen Gedanken abzustellen und auf positive Gedanken umzustellen.

Ich sprach von Stich, Schumacher, Klitschko, Armstrong und Kolumbus. All diese Persönlichkeiten zeichnen sich durch eine besonders starke mentale Fitness aus. All diese Persönlichkeiten waren und sind nicht nur stark im Abschalten negativer und belastender Gedanken, sondern sie sind auch stark im dauerhaften Einschalten positiver Gedanken.

Ich wurde in unserem Trainingslager in Berlin letztes Jahr von einem Teilnehmer gefragt: „Welche Gedanken waren das genau?"

Nehmen wir Nelson Mandela. Du kennst sicher seinen Namen und einen Teil seiner Lebensgeschichte. Doch was trieb ihn an? Er war beseelt von der demokratischen Gerechtigkeit der Häuptlinge eines großen Einwohnerstammes beim Klären von sozialen Problemen innerhalb des Stammes. Er meinte, dass dies das einzige Modell zum Zusammenleben aller Rassen in Südafrika sei.

Wer war dieser Mandela? Er saß Zeit seines Lebens im Gefängnis und das in Einzelhaft und trainierte täglich bis zu 60 min Sport. Er setzte es durch, sich im Gefängnis einen Garten und eine Bibliothek anzulegen. Je mehr er gedemütigt wurde, umso mehr lebte er seiner Umgebung seine Werte vor. Dies beeindruckte seine Wärter im Gefängnis Jahr um Jahr.

Nur Zufall? Ein Einzelfall?

Henry Maske war der erste deutsche Boxer, wenn nicht gar auf der ganzen Welt, der seinen Kopf mehr als andere Boxer vor ihm einsetzte. Er erarbeitete mit einem Team für all seine Gegner eine Stärken- und Schwächen-orientierte Strategie. Maske visualisierte diese Strategie und stellte sich in seinem Kopfkino immer wieder vor, wie er den kommenden Kampf gewinnt. Im Training übte er bis zum Umfallen so lange, bis das „geistige Boxen" mit dem körperlichen Boxen in Übereinstimmung kam. Und was geschah dann im Ring? Der so einstudierte Kampf wurde nur noch „wiederholt".

Du hältst diese beiden Beispiele vielleicht für nicht auf Dich übertragbar… oder für Hokuspokus? Die Klitschko-Brüder haben im Boxsport die gleichen Strategien angewandt und sind viele Jahre auf dem Olymp des Schwergewichtsboxens unter sich gewesen.

Auch sie holten sich ihre Power daraus, dass sie in jeder Phase ihres Kampfes die vorher „erarbeiteten" Siegesbilder und Power-Sätze „im Kopf" haben.

Mir war es vergönnt 1991 Michael Stich kennenzulernen. Es war unmittelbar nach seinem fulminanten Wimbledon-Sieg. Wir saßen zusammen und er erzählte mir, wie er sich auf Wimbledon vorbereitete. Er hatte für sich die Entscheidung gefällt, dieses Finale im emotional wertvollsten Tennisfinale der Welt eines Tages unbedingt zu gewinnen. Er trainierte seit Kindestagen wie gewohnt täglich seine Stunden Vorhand und Rückhand. Doch vor und nach dem Tennistraining entspannte er sich und stellte sich den Augenblick vor, in dem er den Matchball spielt und er damit das Turnier von Wimbledon gewonnen hat.

Und es geschah wie vorhergesehen... Der Matchball gelingt, die Massen erheben sich, klatschen und feiern den neuen Sieger. Michael Stich geht in die Knie, er schließt die Augen und wirft seine Arme mit geballten Fäusten nach oben. Er weint vor Glück. Michael entspannte sich so zweimal am Tag – vor und nach dem Training. Er sah vor seinem geistigen Auge – in seinem Kopfkino – den Matchball, den letzten Ball und den Beifall der tobenden Zuschauer. Er trainierte die Siegespose körperlich ein und speicherte sie in seinem Unterbewusstsein ganz tief ab.

Ist das alles neu? Sicher nicht. Christoph Kolumbus, zum Beispiel, war bekannt für seine rege Fantasie. Er hatte viele Seekarten und die Sterne studiert und war davon überzeugt, wenn die Erde eine Kugel ist, muss man Indien auch erreichen, wenn man nur lange genug nach Westen segelte. Er hatte sich das Ganze so oft vorgestellt, dass es in seinem Kopfe bereits Realität war. Diese Überzeugung gab ihm die Kraft, die Königin und den König von Spanien von seiner Idee zu überzeugen, obwohl sie sehr daran zweifelten. Diese Idee – der Seeweg nach Westen – gab ihm die Kraft, seine Mannschaft immer wieder zu überzeugen, dass sie bald Land erreichen würden, obwohl die

Nahrungsvorräte und das Trinkwasser auf seinen Schiffen arg zur Neige gingen.

Was ist nun das Gemeinsame an den Gedanken von Mandela, Stich, Klitschko und Kolumbus?

Ich verrate es Dir: Sie hatten und haben in ihrem Kopf ein Bild von dem, was sie erreichen wollen. Es ist das Bild des Zustandes nach Zielerreichung. Die Momente, die sich direkt nach der Zielerreichung abspielen. In allen Details und mit allen Gefühlen.

Und dann kommt noch etwas dazu: Sie hatten die feste Gewissheit, dass dieses Ziel erreicht wird. Allein das Betrachten dieses Bildes in ihrem Kopf, in ihrem Kopfkino, das Denken an den Zustand nach Zielerreichung im Sinne der absoluten Gewissheit… das macht diese Menschen immer wieder unendlich stark, froh, frei und vergnügt.

Diese Gedanken haben sie beflügelt, wenn andere Menschen nicht mehr an sie geglaubt haben. Und diese Gedanken haben sie aufgerichtet, wenn sie selber mal erschöpft oder deprimiert waren.

Es sind Gedanken, die Kraft geben und die immer wirken, deshalb nennen wir diese Gedanken auch „Powergedanken".

Wir können die folgende Variante wählen: Laut und deutlich, einschüchterndes und demonstratives Zeigen von Stärke.

Oder wir wählen, die mir und vielen meiner Klienten wesentlich angenehmere Variante, die leise Stärke. Die innerlich voll bewusste Power. Die Power, von der wir sagen: „In der Ruhe liegt die Kraft."

Es ist die mentale Power. Worte, die eher leise klingen, Leute, die eher locker und vergnügt sind, aber die ganz genau wissen, was sie wollen.

In meinen Trainings rede ich daher nie laut und demonstrativ. Niemand braucht sich ducken, wenn ich spreche. Ich setze sehr erfolgreich auf die Mechanismen der inneren Stärke.

Schauen wir doch mal genau hin, so erkennen wir, körperlich sind heute alle Spitzensportler in Topform beim Wettkampf. Beruflich sind alle Top-Performer austrainiert und im Thema fit für das nächste Gespräch, den nächsten Verkauf, das nächste Projekt. Und wenn Du zu den Top-Athleten in Deinem Sport gehörst, stimmst Du mir sicher zu.

Im Einzelsport, also z. B. im Golfen, Tennis oder Boxen, wissen wir heute, über 90 % werden im Kopf entschieden, zwischen den Ohren! Als Michael Stich 1991 Wimbledon gewann, habe ich ihm die Frage gestellt, wie er im Wohnzimmer von Boris Becker gewinnen konnte. Die Antwort war plausibel einfach, er hat den Siegesrausch trainiert – und zwar jeden Tag. Nicht nur Vorhand und Rückhand, den Siegesrausch. Das sagte ich bereits und doch wiederhole ich es hier noch einmal.

Also, was unterscheidet einen an der Spitze von einem, der „mitläuft"?

Womit gewinnen sie wirklich, die Top-Performer im Leben, im Beruf, im Sport?

Mit ihrer mentalen Power, mit ihrer mentalen Stärke. Sie gewinnen genau dann, wenn sie körperlich voll da sind, wenn sie entspannt sind und wenn sie sich in ihrem Kopf viele, viele Male den Zustand nach Zielerreichung vorgestellt haben.

Und um diese Power geht es mir – diese Power möchte ich Dir in diesem Buch ein großes Stück näherbringen. Und dafür nimmst Du Dir bitte Zeit und Raum, meinen Worten hier zu folgen. Wenn Du es nur zwischen Tür und Angel studierst, wird Deine Leistung genau dort bleiben… irgendwo zwischen Tür und Angel.

Klare Worte! Als Trainer von Einzelsportlern bis hin zu ganzen Nationalteams kann ich Dir versichern, es wird dann wirklich keine Balance zwischen Deinen Ohren und in Deinem Herzen geben.

Damit ich meinen Fokus jeden Tag schärfe, habe ich mir im Laufe meines Lebens kleine Kraftquellen angeeignet. Eine meiner Kraftquellen z. B. ist die Klarheit meiner Ziele. Hinter dem, was die Top-Performer im Business und alle Spitzensportler „mentale Fitness" nennen, verbirgt sich ein knackiger Kernsatz:

„Wer sich selber keine Ziele setzt, ist verdammt und verflucht für Leute zu arbeiten, die eigene Ziele haben."

Dazu gleich mal eine praktische Übung, okay?

Du notierst Dir bitte auf der folgenden Zeile, was Dein persönliches Ziel für dieses Buch ist.

Ich halte es da mit Viktor Frankl, dem Erfinder der Logotherapie. Er hielt fest, je wichtiger ich meine Arbeit nehme, desto glücklicher ist mein Leben. Damit ist die logische Konsequenz, je wichtiger Du das Studieren dieses Buches nimmst, desto mehr wird es dir an Wert liefern. Dann machen wir uns auf den Weg herauszufinden, wie und warum diese mentalen Strategien so erfolgreiche Spuren hinterlassen und dafür sorgen, dass wir eben nicht in diese depressive Falle geraten.

Napoleon Hill interviewte in den 30erJahren eine Vielzahl erfolgreicher Menschen und fand schnell heraus, dass wir alle jederzeit und egal unter welchen Startbedingungen lernen können, wie diese Top-Performer zu denken, zu handeln und zu fühlen (Hill 1937).

Im folgenden Kapitel behandle ich die Wechselstörung im Gehirn.

Literatur

Hill N (1937) Think and grow rich. Combined Registry Company, Chicago

3 Wenn der Kopf streikt

Depressionen im Sport sind absolut keine Seltenheit mehr. Es gehört schon fast zur Tagesordnung. Wir kennen bekannte Fälle von depressiven Spitzensportlern aus dem Skilanglauf, aus dem Fußball oder aus dem Eissport. Dieses Thema lässt sich einfach nicht mehr ignorieren im Spitzensport. Es ist schon fast gesellschaftsfähig geworden.

Die Frage ist, was treibt eigentlich Menschen dazu, ihrem Leben sogar ein Ende zu bereiten?

In erster Linie sind es ja junge Athleten. Oft habe ich mir die Frage gestellt, was treibt sie dazu, depressiv zu werden, das Leben nicht mehr in den Griff zu bekommen und das Leben auch nicht mehr mit Lebensfreude genießen zu können?

Viele der jungen Sportler, wenn du sie hinterfragst, sind sogar suizidgefährdet. Das heißt, sie können sich durchaus

C. Ressel, *Der Anti-Stress-Trainer für Sportler,*
DOI 10.1007/978-3-658-12456-4_3

vorstellen, ihr Leben zu beenden, obwohl sie in der Leistungsspitze sind. Nur mittlerweile ist es leider nicht mehr nur in der Leistungsspitze so. Du kannst es auch im normalen Schulalltag beobachten, wenn die Menschen ziellos und planlos werden, weil ihr soziales Umfeld einfach keine Lebensfreude bietet.

Wie sieht es mit Deinem Alltag, Deinem sozialen Umfeld aus? Wo erlebst Du Lebensfreude? Notiere Dir bitte spontan 3 Situationen:

____

____

____

Ist das wirklich Lebensfreude für Dich?

Denke bitte noch einmal nach. Wo erlebst Du Lebensfreude?

Ein wichtiger Gegenspieler, wenn nicht sogar der größte Gegenspieler der depressiven Menschen, sind die Mitglieder der Verschwörungsgruppe „Lebensfreude pur".

Symptome bei Depression sind in meinen Augen wie ein bunter Fächer… sehr vielfältig und am Anfang kann man sie auch kaum erkennen. Es ist nicht offenkundig zu erkennen, ob der Mensch tatsächlich depressiv ist, den Weg zum Burn-out geht oder ob er einfach nur eine kleine Schwächephase hat. Anzeichen dafür, wenn Du sie erkennen kannst, sind dann schon eher, dass sie schon etwas länger andauern – diese Schwächephasen – zumindest einen Monat, zwei oder drei. Bevor du merkst, dass sie am Boden zerstört sind, sind sie lustlos, haben diese chronische Müdigkeit, die sie ausstrahlen, und sie beklagen ständig Druckschmerzen in der Magengegend und manch einer sagt sich, auch auf seinem Brustkorb liege ein gewisser Druck. Wenn Du dann die Angehörigen fragst, die Menschen, das soziale Umfeld um diese Menschen herum, dann werden sie Dir auch Dinge erzählen, dass sie negativ drauf sind.

Kennst Du so etwas aus Deinem Umfeld… oder auch von Dir… Du sitzt am Tisch und stocherst in Deinem Essen rum und nimmst nicht mehr wirklich am gesellschaftlichen Leben teil. Es gibt auch andere, die beschreiben es so, dass sich die Betroffenen immer mehr zurückziehen. Besonders die Jugendlichen, die sich immer mehr in ihr Zimmer zurückziehen, in Ruhe gelassen werden wollen und bei den Älteren, dass sie kaum noch ans Telefon gehen wollen, kaum noch den sozialen Kontakt suchen.

Es gibt auch einige, die beschreiben es so, dass sie spüren, dass der Betroffene eine innere Unruhe ausstrahlt und die können wir auch nicht wegdiskutieren. Du wirst immer wieder feststellen, dass die Betroffenen dann kurz vor dem Wettkampf, kurz vor dem Leistungspeak, den sie erbringen dürfen oder erbringen sollen, plötzlich genau diesen nicht erbringen wollen. Das heißt, sie sagen kurzfristig einfach ab und finden dafür locker eine Begründung, die mit dem reinen Physischen nichts zu tun hat. Das ist das erste Indiz, dass sie sich der Leistungsanforderung, der sie sich selbst stellen, plötzlich nicht mehr gewachsen sehen. Und wenn Du das immer wieder findest, dass der betroffene Sportler immer kurz vor dem Leistungspeak abbricht und sagt „Ich trau‘ es mir doch nicht zu“, dann gilt es, genau dies zu hinterfragen, denn genau das sind erste massive Anzeichen, die in Richtung Belastungsdepression oder Burn-out gehen. In dem Stadium können wir Mitmenschen das zumindest noch mit Gesprächen herausfinden und im besten Fall auch stoppen und aufklären.

Es ist natürlich klar, dass, wenn Du Deinen Körper auf den Leistungspeak hin trainierst, aber diesen Leistungspeak nicht erlebst, um eben Dein volles Adrenalin im Körper auch abzubauen, dann wirst Du merken, dass auch Deine körperliche Verfassung Zug um Zug immer schlechter wird und dass Dein Immunsystem nach und nach anfälliger und matter wird. Dein Panzer zerbröckelt. Du wirst es auch weiter erleben, dass Nervenzusammenbrüche immer öfter geschehen und Du wirst sehen, dass es bis zu jenem Punkt gehen wird, dass sogenannte psychosomatische Krankheiten plötzlich körperliche Effekte haben.

Ich meine damit, wir wissen heute, dass über 90 % aller Krankheiten eine psychosomatische Ursache haben. Dass die physischen Krankheiten, ob es nun ein Organleiden oder ein Nervenleiden ist, Gelenkschmerzen, dental im Zahnbereich, dass plötzlich solche Dinge ausbrechen, dass sie ihre Ursachen in der Niedergeschlagenheit, in der Depression des Betroffenen haben. Du merkst, die Auswucherung von Depression und dieser Formulierung „Burnout“, das ist wie mit einem Baum, der plötzlich Verästelungen bekommt und Du denkst, wie weit geht das bitte noch.

Die Ursache für Depression bei Sportlern… viele meinen auch, das wäre genetisch möglich, dass man einfach eine Prägung hat… ich bezweifle, dass wir uns auf diese platte Ausrede einfach zurückziehen können, dass es an der Genetik liegt. Ich halte die wissenschaftlichen Erkenntnisse noch nicht für so ausgereift, dass wir sagen können, dass es de facto wirklich so ist, dass es genetische Vorprägungen dafür geben könnte. Und was nicht bewiesen ist, gilt erst mal nicht.

Ich kann beobachten, dass, wenn ein ständiger Druck auf einen Sportler anhält, dass dieser Druck auch dafür verantwortlich ist, dass derjenige dann zusammenbricht. Wenn er an seine Grenzen kommt und es dann plötzlich anfängt, dass das System, das Immunsystem, das Lymphsystem, die Knochen, überhaupt das System Mensch anfängt zu bröckeln, bis hin zu einem Zusammenbruch. Und, dass Du dies natürlich auch von außen gut sehen kannst.

Hier wird es spannend, wie Du als Betroffener die Möglichkeit entwickelst, Dich wirklich zu entspannen. Ich meine, wenn Du Dich als Betroffener an einen ruhigen Ort zurückziehst, sodass Du Dich darin üben kannst, Dich zu entspannen, dass Du Dich darin üben kannst, zur Ruhe zu kommen. Wie kann das stattfinden?

In unserer täglichen Praxis arbeiten wir sehr viel mit Atemtechniken. Wir tun das in der Form, dass wir den Athleten beibringen, in den Phasen, in denen sie wirklich unter massivem Leistungsdruck stehen, erst recht in eine intensive Entspannung zu gehen, um wirklich mit diesem Ein- und Ausatmen den Druck rauszulassen – sprichwörtlich den Druck aus dem Kessel lassen, um damit auch wieder den Sinn in ihrem Handeln zu erkennen und damit den Sinn in ihrem Leben wieder zurückzufinden.

Es ist ja keine neue Erkenntnis. Ich arbeite jetzt seit über 20 Jahren mit diesem Thema und weiß aus meiner täglichen Praxis, dass selbst die alten Shaolin Mönche ihre Rituale, die alten indianischen Traditionen, also über Jahrtausend alte Traditionen und Kulturen, pflegen, dass die Begrifflichkeiten, die wir heute haben, damals zwar noch nicht gegeben waren, aber die Symptome sehr wohl vorhanden waren. Und es ist beeindruckend, zu erleben, mit welch einfachen Techniken schon vor tausend, zweitausend Jahren dieser Leistungsdruck ausgeglichen wurde. Das heißt, uns sollte klar sein, dass es sich hierbei niemals um völlig neuartige bahnbrechende oder gar revolutionäre Erkenntnisse handelt, die wir jetzt unbedingt hier zum Besten geben. Nein, es sind die alten Weisheiten, die wir einfach wieder hervorkramen dürfen.

Wenn ein Leistungssportler keine Lust mehr hat, keine Lust mehr darauf hat, sich anzustrengen, wirklich seinen Peak an dem Tag, an dem er seine Leistung zeigen darf… wenn er nicht mehr bereit ist, diesen Peak auch wirklich zu durchleben, dann gilt es genau hinzuschauen, ob er das tut, was ihm tatsächlich am Herzen liegt. Ob er das tut, was ihn wirklich berührt oder ob er das tut, was Papa, Mama oder das soziale Umfeld und all die anderen von ihm wollen.

Wir wissen heute, und ich weiß es aus meinen eigenen Erfahrungen, dass wir verdammt lange Druck aushalten können. Spitzensportler haben so einen Knopf, dass sie sehr wohl in der Lage sind, vieles auszublenden und einem Leistungsdruck sehr lange standhalten können, auch wenn die körperlichen und mitunter auch seelischen

Anstrengungen um ein weites über das erträgliche Maß hinausgehen. Und wenn man dann natürlich immer wieder Niederlagen einsammelt auf dem Weg und denkt, da geht es zu dem Peak und eine Niederlage nach der anderen einsteckt, dann ist es wie mit Einschlägen, die immer näher kommen. Du bekommst langsam das Gefühl, dass Du keinen festen Boden mehr unter den Füßen hast und dann kommt es auf unseren Typus an. Sind wir der Mensch, der völlig sachlich damit umgeht. Sich eine Strategie rausholt und an dieser ständig bastelt. Dieser Typ Mensch wird natürlich immer wieder neue Wege suchen und diese auch finden, um erneut an den Peak heranzugehen. Um bei einer erneuten Niederlage die Strategie wieder einen Tick zu ändern. Während derjenige, der eher melancholisch ist – um es in der Typologie von Hippokrates zu beschreiben, also derjenige, der eher melancholisch und in sich gekehrt ist – die Dinge auf die eher emotionale Art abbaut. Das sind zum Beispiel die Menschen, die sich eher mal umdrehen um zu weinen, was auch vollkommen in Ordnung ist, ungefähr ein Viertel der Menschen ist melancholisch. Dann haben wir genau den Menschenschlag, der darüber reden muss. Der die Unterstützung von außen braucht, um seine Taktik, seine Strategie zu ändern. Was ich immer häufiger beobachte bei leichten depressiven Anwandlungen bei Spitzensportlern ist das plötzliche Empfinden, sich wertlos zu fühlen.

Sie fühlen in der Situation, dass sie austauschbar wären. Wir erkennen es daran, dass sie z. B. wenn sie manchmal mit einer beginnenden Erkältung schon nicht trainieren und wenn sie krank sind, sich fragen, ob alles überhaupt einen Wert hat, was sie hier tun. Denn wenn wir mal ehrlich sind, Topsportler, Hochleistungssportler richten ihr gesamtes Leben nach ihrem Trainingsplan aus. Ihre gesamten sozialen Aktivitäten werden einem Trainingsplan untergeordnet.

Da haben wir die Wettkämpfe, da haben wir die Camps, immer wieder Leistungstests, auch während der Trainings, und dem Ganzen ist alles untergeordnet.

Wenn nun plötzlich, durch eine Erkrankung die Wettkämpfe oder durch eine Verletzung, die Tests wegfallen und die Trainingslager verschoben werden, dann beginnt es im Kopf regelrecht zu rattern. Warum tue ich das hier eigentlich, was ich tue? Wenn dann das Erfolgserlebnis ausfällt, dann kann es passieren, dass Du ausbrichst und Dir den Kopf genau darüber zermarterst, warum Du das hier tust. Und dann fehlen Dir an diesen Tagen die Daily Habits, die täglichen kleinen Herausforderungen, die Du jeden Tag brauchst um zu wissen, wofür Du das tust, was Du tust. Und wenn Du keine Herausforderungen mehr hast, dann bist Du für dich selbst verantwortlich, Dir neue Herausforderungen zu suchen. Du darfst Dir neue Aufgaben suchen. Wir erkennen das ganz besonders, wenn Du Dich mit Spitzensportlern unterhältst. Wenn man sie fragst, was sie nach ihrer Karriere machen wollen. Dann schauen sie dich mit einem großen Fragezeichen in den Augen an und antworten, dass sie das jetzt noch nicht wissen. Dann spürst du, da fehlt die Lebensplanung und dann fehlt auch wirklich die Lebensfreude. Die Freude auf alles, was kommt. Wer schon einmal in solch einer Situation war, in der er sich fragt, wofür tue ich das eigentlich, der weiß, dass die Lebensfreude und das Lachen in seinem Leben nicht wirklich einen Platz haben.

Selbst wenn dieser Mensch Olympiasieger wird oder gar Weltmeister, wird er vielleicht lächeln, solange die Kamera an ist, aber in ihm drinnen, macht sich ein Gefühl der Leere breit. Das Ziel, wofür er sich vier, acht Jahre oder gar sein ganzes sportliches Leben den Hintern aufgerissen hat, ist erfüllt – und was kommt jetzt?

Dieser Mensch ist gar nicht in der Lage, richtig zu feiern und die Gefühle frei zu lassen. Am Tag danach, erkennst du sehr schnell an seinen Gesichtszügen, ob er noch in der Freude oder bereits in der Trauer ist. Es gibt viele, sogar sehr viele Hochleistungssportler, die sich ausschließlich über ihr Ziel und ihren sportlichen Erfolg definieren und nicht über all die anderen Lebenshüte, die es gibt. Die außer Acht lassen, was wir alles erreichen können, wenn wir darauf achten, im Lebenshut Gesundheit, im Lebenshut unseres Berufes, dem Lebenshut unseres Wissens, dem Lebenshut unseres sozialen Umfeldes und natürlich dem Lebenshut unserer Familie, unserer Freundschaften, Partnerschaften, da wo das Herz hingehört.

Wenn wir in den Lebenshüten natürlich keine Antworten haben und uns ausschließlich über den sportlichen Erfolg definieren, dann ist klar, dass wir keine Lebensbalance haben und spüren, dass uns dann massiv etwas fehlt. Exakt diese Menschen sind sehr anfällig für Stress und dann auch sehr anfällig für Depression und für dieses Modewort „Burnout“, der Belastungsdepression.

Die Sportler sind an dieser Stelle schlichtweg überfordert. Sie wissen nicht, wie sie dieses Thema lösen können.

Sind mit ihren Gedanken vollkommen darin versunken, dass sie in der Erfüllung ihres Leistungsplans aufgehen, sich keine Zeit lassen für andere Dinge. Selbst ein Urlaub ist kein Urlaub, wie wir ihn uns herbeisehnen, indem wir die Seele baumeln lassen und mal nichts tun.

Auch da können die Spitzensportler und die sich permanent in einem Trainingsrhythmus befindenden Sportler gar nicht abschalten, obwohl sie uns Urlaubsfotos über die sozialen Medien schicken. Es ist dennoch erkennbar, dass sie nicht wirklich runterfahren.

Dieses Phänomen, das ich hier gerade beschrieben habe, findet man mittlerweile nicht mehr nur im Spitzensport, im absoluten Leistungshöhepunkt, im Profisport, sondern auch im Breitensport und im Freizeitsport.

Selbst ein einfaches Hobby, wie das Angeln, das mit Ruhe und Entspannung zu tun hat, mutiert dann zu einem Leistungsdruck… meiner muss größer, meiner muss dicker und meiner muss schneller sein als deiner.

So wird auch das Hobby plötzlich ein Wettkampf. Und selbst die Hobbys werden dann ein sich Messen mit anderen oder ein sich Messen mit dem, was wir vorher erlebt haben, also messen mit sich selbst.

Wir erkennen es mittlerweile auch an den Menschen, die jede auch nur erdenklich freie Minute, die sie in ihrem Leben haben, vollpumpen mit irgendwelchen Freizeitaktivitäten und sich gar keinen Freiraum mehr lassen für das Ausatmen, für das Nichtstun, für das Träumen, für das Tagträumen, einfach die Augen schweifen zu lassen und das Schöne in der Welt genießen.

Sie hauen sich eine Verpflichtung nach der nächsten, ein Ritual nach dem anderen auf ihren Plan und so ist nachher die Freizeit bei ihnen völlig durchgeplant.

Erkennst Du Dich gerade wieder?

Was empfindest Du gerade dabei, wenn Du diese Zeilen liest und Dein eigenes Leben gerade vor Dir in einem Film abläuft? Schreib es Dir bitte spontan auf.

Und so entwickelt sich das Leben dieser Menschen – womöglich auch Dein Leben – mit vollgestopften Ritualen. Wenn ich dann am frühen Morgen beim Laufen die Menschen beobachte, dann erkenne ich, die meisten laufen regelrecht um ihr Leben.

Sie laufen nicht, um ein- und auszuatmen, um genussvoll den Tag zu starten, sondern sie laufen um ihr Leben. Um an einem ganz bestimmten Tag im Jahr ihren ganz persönlichen Wettkampf zu erleben, wo sie mit 40.000 anderen auf einem wundervollen Fleck dieser Welt in einem Kreis 42 oder 21 km laufen, um hinterher sagen zu können: ja, ich war dabei! Und danach fallen sie in ein Loch, weil das Event vorbei ist und es wieder ein ganzes Jahr dauert, um das nächste Event zu haben und sie ein Jahr lang warten müssen.

Ihre Freizeit wird völlig darauf ausgerichtet, von einem Event zum nächsten zu hopsen – ein völlig fatales Verhalten.

So geht uns die soziale Kompetenz vollkommen flöten. Alle Anstrengungen vollbringen wir am Ende nur noch, weil wir es uns ständig selbst beweisen wollen. Doch unser soziales Umfeld braucht diese Beweise eigentlich gar nicht.

Mir ist wichtig, dass wir erkennen, was die Ursachen für eine Depression und was die Ursachen für den Weg in den Burn-out sind, was tatsächlich hinter den Symptomen steckt.

Ist es dieser gnadenlose Ehrgeiz, sich wirklich ständig die Spitzenleistung abzuverlangen: immer mehr, immer höher, immer weiter? Ist es der Erfolg, nach dem wir süchtig werden? Ist es, dass wir es uns selbst beweisen wollen? Was ist es?

Was ist es bei Dir?
Ist es, dass wir eine ganz bestimmte Grenze, die wir rein physikalisch haben, unbedingt sprengen wollen? Dass wir sie unbedingt überschreiten wollen?

Was denkst Du?

____

____

____

Schauen wir uns mal das soziale Umfeld der Betroffenen an, dann stellen wir fest, dieses soziale Umfeld ist oftmals selbst hilflos und verzweifelt und möchte gerne die Betroffenen integrieren, möchte gerne an sie herankommen, möchte sie gerne aufklären.

Nur die Betroffenen sehen das oftmals gar nicht mehr oder sie möchten es gar nicht hören, weil sie sich ja nicht als Betroffene sehen. Und genau für diejenigen mag dieses Buch, diese Bedienungsanleitung hier sein. Sie mögen sich hinterfragen: Bin ich vielleicht auch einer dieser

Menschen, die ihren Kopf in diesen Leistungsplan hineinpacken, ob im Spitzensport oder im Breitensport, ob im Top-Business oder bei der Erkundung von neuen Geschäftsfeldern, und von einem Event und Termin zum nächsten haschen und ihr gesamtes Umfeld dem unterordnen.

Mein Appell an die Betroffenen ist es, einen stetigen Austausch zu haben, das soziale Umfeld wirklich zu integrieren.

Es ist kein Zeichen von Schwäche, dass wir uns mit anderen darüber austauschen, was vielleicht gerade nicht so klappt. Es ist auch kein Zeichen von Schwäche, dazuzulernen.

Vergessen wir bitte nicht, Wissen macht kompetent. Wissen macht uns zum Experten. Und wenn wir uns genau in dem Bereich weiterbilden, wo wir wachsen wollen, kann ich garantieren, dass unsere Ergebnisse umso besser werden. Ohne dass wir uns gleich zurückziehen müssen oder du dich in direkter Ansprache vom anderen nicht verstanden fühlen musst, dass du dich vielleicht sogar missachtet fühlst.

Du wirst spüren, dass sie Dich sogar darin unterstützen, weil Du sie integrierst und wenn Du merkst, dass etwas bei Dir nicht stimmt, dann bist Du eben in der Lage, selbst an dir zu arbeiten, selbst die Balance wiederzufinden. Das geht aber nur, wenn Du ständig an Dir und mit Dir arbeitest, ständig und immerzu bereit bist, dazuzulernen, den Blick offenzuhalten und auch den Rat und die Tipps von anderen Experten, von anderen kompetenten

Menschen annehmen, vor allem von denen, die dort schon waren, wo Du jetzt hin möchtest.

Nimm den Kontakt zu diesen Menschen auf, ob es in Deiner Sportart ist oder ein Experten Netzwerk rund um Deine Sportart ist. Geh hin und sprich mit ihnen und lass Dich von ihnen beraten. Ob es der Arzt ist, der Psychologe, ob es Dein persönlicher Heilpraktiker ist, Dein Homöopath, ob es in deinem direkten Umfeld jemand ist, der bereits dort die Leistung bereits erbracht hat, Weltmeister, Olympiasieger… Such Dir den Rat dieser und höre genau hin, was sie Dir aus der Erfahrungsschatzkiste mitgeben können.

Und dann merkst Du, dass die Menschen offen sind, Dir genau zu sagen, was sie erreicht haben, wie sie es erreicht haben, wie sie ihre Phasen überwunden haben, wo sie in ein Loch gefallen sind. Und dann meine Empfehlung, nimm den einen oder anderen Tipp dieser Experten wirklich an.

Nicht umsonst sind sie erfolgreich geworden. Dann wirst Du merken, dass Du ein ganz anderes Selbstbild bekommst. Dass Du mit breiterer Brust wahrgenommen wirst, dass Du aus Deiner Tür wieder herauskommst, wo Du Dich zurückgezogen hast und dass Du dann von den Menschen da draußen viel lebensfreudiger wahrgenommen wirst. Dass Du auch andere Dinge tun kannst und dass Du wenn Du merkst, Du fällst in ein Loch – z. B. durch die vorhin genannten Verletzungen, Erkältungen, Momenten, in denen Du Dich plötzlich völlig allein fühlst, sofort Gegenmaßnahmen einleiten kannst. Die Welt ist voll von Alternativen, statt Nichtstun und sich nach dem großen Warum fragen – warum tue ich das, was ich hier eigentlich tue…

Und wenn Du dann anfängst aufzustehen, den Mund abputzt und Deine Krone wieder richtest, dann merkst du auf einmal, dass die Lebensfreude in Dir auch eine Lebensstrategie sein kann.

Dass Lebensfreude, die dann in Deinen Körperzellen wieder einkehrt Dich dazu bringt, auch einmal Trainingsmethoden zu wechseln, Neues auszuprobieren, dann wirst Du sofort merken, Neues auszuprobieren, heißt auch immer trial and error.

Versuch… Fehler… erneuter Versuch… erneuter Fehler. Solange, bist Du es kannst… nur eben mit Lebensfreude tust Du es länger.

Plötzlich sind all die Dinge, die wir heute noch als Stressfaktoren ansehen, plötzlich kleine Herausforderungen, die wir gerne umschiffen. Dann sind es nicht mehr negative Gefühle, sondern wir identifizieren sie eher als Herausforderungen.

Es wird dann eher ein Wollen, eine Lust auf Ändern.

Wenn Du die Lust hast, etwas zu verändern, dann bist Du raus aus dieser Falle. Du wirst es merken, in Deiner Familie, im Umgang mit Deinen Freunden. Du wirst es gar spüren, wenn du einen Hund hast oder eine Katze, die dann plötzlich wieder zu dir wollen, die sich an Dich herankuscheln, die spüren, dass Deine persönliche Energie einfach wieder stimmt. Du wirst spüren und sehen, dass Du den sozialen Kontakt wieder liebst, mit anderen Menschen zusammenzusitzen und Du wirst merken, dass Du die Zeit, die dir zur Verfügung steht, mehr und mehr auch für die schönen Dinge des Lebens nutzt und so passiert es, dass dein Gleichgewicht im Leben wieder einkehrt.

Gerade wir Leistungssportler, wir Spitzensportler sind ja die letzten Helden der Nation. An uns richten sich alle anderen auf, wenn sie sagen so wie die, so wie der, möchte ich auch gerne sein. Wir wissen zwar, dass in dem Applaus, den sie uns schenken immer auch eine Portion Neid steckt, doch in dem Moment merken und spüren sie, ich möchte auch so sein, wie diejenige, ich möchte auch so sein, wie derjenige.

Wenn wir dann Vorbild sind und uns nicht zurückziehen, wenn es uns schlecht geht, sondern voller Lebensfreude an die Herausforderungen des Lebens herangehen, dann kann ich Dir garantieren, dass es Dir und auch vielen anderen besser geht. Du wirst merken, dass diese Grundhaltung, diese depressive Stimmung, die sich breitmacht, Tag um Tag immer kleiner wird, ihre Macht verliert und irgendwann so klein ist, dass Du jederzeit eine Gegenmaßnahme einleiten kannst und jederzeit mit Lebensfreude an den Dingen arbeitest. Sie wird nie weg sein, sie wird nie ganz verschwunden sein, aber Du wirst selbst die Instrumente in der Hand haben, sodass sie Dich niemals mit voller Wucht trifft und Macht über Dich ausüben kann.

Welche 3 Aufgaben gehst Du sofort an, um Dir eine ordentliche Portion Lebensfreude zu garantieren? Schreibe sie bitte jetzt an dieser Stelle auf, bevor Du weiterliest. Denn sonst verpufft der Gedanke wieder und Du nimmst aus dem gerade gelesenen Stoff NULL Inhalt mit in dein Leben.

4

Kann ich mir den Burn-out auch anfressen?

Jetzt hast Du Dir geschworen, mehr Lebensfreude in Dein Leben zu lassen und beginnst den neuen Tag mit großem Tatendrang. Dazu gratuliere ich Dir. Doch schon kurz nach dem Aufstehen stelle ich Dir die Frage:

Frisst Du Dir wohlmöglich Deinen Burn-out an?

Bist Du womöglich ein Süßschnabel? Wenn ja, dann sind Deine Ernährungsgewohnheiten eine viel benutzte Eingangstür zur Belastungsdepression, zum Burn-out. Nebenbei erhöhen Deine Ernährungsgewohnheiten auch Dein Risiko, an Krebs zu erkranken sehr deutlich. Zucker ist neben Nikotin, Alkohol und Gluten das schlimmste Gift, das Du Deinem Körper zufügen kannst.

Zucker verklebt die Synapsen im Gehirn und verlangsamt somit Deine Denk- und Reaktionsprozesse. Und ich gehe noch einen Schritt weiter. Wir wissen heute aus

C. Ressel, *Der Anti-Stress-Trainer für Sportler*,
DOI 10.1007/978-3-658-12456-4_4

unserer erlebten Praxis, dass der übertriebene Zuckerkonsum dazu führt, dass man mit zunehmender Zeit des Konsums Lebensfreude nur noch mit einer zuckersüßen Belohnung verbindet. Muss das sein?

Willst Du ernsthaft damit leben wollen, dass Du ohne diese Belohnung keine „Zielerreichung“, kein Glücksgefühl erlebst?

Wie viel Zucker konsumierst Du im Laufe eines Tages? Bitte nimm Dir zur Selbstverpflichtung die kommenden drei Tage Zettel und Stift zur Hand und schreibe Dir genau auf, wie viel Zucker Du zu Dir nimmst.

Versprich Dir das! Es ist lebenswichtig!

Ich erkläre Dir, warum. Um Energie abzurufen, benötigt dein Gehirn Dopamin. Das macht dich wach, und wie wir im Sport sagen: „It makes the world go around“. Mein Kollege Dr. Michael Spitzbart beschreibt es so: „Wenn der Dopamin-Spiegel hoch oder tief ist, dann ist das nichts anderes, wie der Satz: Niedriger Dopamin Spiegel = Du hast Angst vor der Arbeit. Hoher Dopamin Spiegel = Die Arbeit hat Angst vor dir.“

Eine wissenschaftliche Untersuchung, die in der ARD in der Sendung „W-wie Wissen“ mit einem Beitrag des NDR von Christine Buth am 10.03.2013 beschrieben wurde, hat bestätigt: Industriell verarbeiteter Zucker gehört zu den wichtigsten Faktoren für Wachstum und Ausbreitung von degenerierten Zellen in unserem Körper. Und das in einem so hohen Maße, dass sich die Krebsvorsorge in Zukunft darauf verlassen könnte, den Körper zur Diagnose einzig auf Zuckeransammlungen zu durchsuchen (Buth 2013). Mal ganz ehrlich, das klingt nicht nur ungesund, das ist es auch im hohen Maße.

In meinen Augen eine harte Nummer. Schauen wir uns allerdings das Blutbild von depressiven Menschen an, erkennen wir schnell einen Mangel am Chefhormon Serotonin und einen Mangel am „Aktion-Hormon" Dopamin.

Hormone produzieren wir, wenn wir essenzielle Aminosäuren zu uns nehmen. Es steht schon im Wort „essentiell"… also durch Essen, nicht durch den Griff in den Pillenschrank.

Und für das Aktion-Hormon und das Chefhormon benötigen wir als essenzielle Aminosäure z. B. das Tryptophan. Dieses Tryptophan finden wir hoch dosiert in Linsen und Bohnen. Und wer den leckeren Grünkram nicht mag, der findet es auch hoch dosiert im Ei, im Fisch und auch im Käse.

Alles sind hochwertige Eiweiß-Lieferanten. Für Sportler die vorrangig sinnvolle Nahrung.

Nun schau doch mal spontan in Deine Küchenschränke. Wie viel Eiweißquellen findest Du dort? Und wie viel unnützen Kram entdeckst Du in den Schränken? Schau bitte gleich rein und notiere Dir die Energiequellen und Energieräuber in Deinen Schränken.

Liste hier Deine Energiequellen auf:

____

____

____

____

____

____

Liste hier Deine Energieräuber auf:

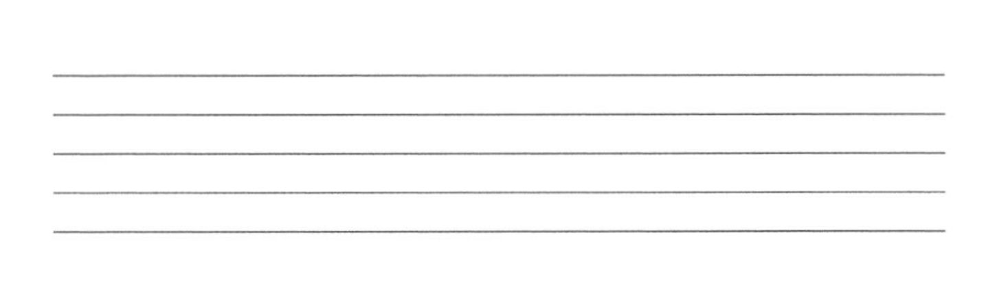

Hast Du wirklich alle Dosen und Verpackungen in deinen Schränken durchsucht? Bitte nimm diese Aufgabe ernst. Sie ist lebenswichtig!

Ich gehe heute so weit zu behaupten, dass ein Burn-out nichts anderes ist, als eine Stoffwechselstörung zwischen deinen Ohren. Deine Gehirnfunktion ist gestört und betreibt Energie – Kannibalismus. Dein Gehirn frisst seine Energie selbst auf. Ein Selbst-Sabotage-Programm mit tödlichem Ausgang.

Wissenschaftler des University College in London (UCL) bestätigten mithilfe der Magnetresonanztomografie (MRT), dass Krebstumore sich vermehrt vom Zucker ernähren. Und zwar von großen Mengen Zucker.

„Tumore verbrauchen für ihr Wachstum weit mehr Glukose (eine Zuckerart), als normales, gesundes Gewebe“, wird in einer Bekanntmachung der UCL erklärt (University College London 2013).

Jetzt genug von degenerierten Zellen. Wenden wir uns dem Wachstum zu, wenden wir uns den Energiebringern zu.

Es ist spannend zu sehen, dass das Blutbild von Burn-out-Patienten nach meiner Erfahrung einen hohen Mangel an BCAA Aminosäuren hat – ich erkläre Dir gleich das BCAA. Auch hier haben wir wieder ein reines

Ernährungsproblem. Ich fand eine plausible Erklärung auf der Webseite www.aminosaeure.org, die ich mit meinen eigenen Worten „übersetze“:

Die sogenannten verzweigtkettigen Aminosäuren (kurz BCAA) sind allesamt essenziell (also mit dem Essen aufzunehmen) und besonders an Muskelaufbau und Muskelversorgung beteiligt. Über die hauptsächlich in der Leber stattfindende Proteinsynthese (also das Verwerten der Eiweiße) haben diese Aminosäuren einen wesentlichen Einfluss auf die Bildung verschiedener Gewebe und unterstützen gleichzeitig Deine Wundheilung und Deinen Stoffwechsel.

Vor allem tierische Produkte wie Fleisch, Milch und Eier können zur Deckung des täglichen Bedarfs herangezogen werden, wobei sich nach meiner Erfahrung besonders die gesunde Variante der Walnüsse dazu eignet.

Zu Hause bin ich der Koch und beschäftige mich seit Jahren mit Energie bringenden Lebensmitteln. In erster Linie nutzen wir grüne Lebensmittel, wie Brokkoli, Spinat, etc. einfach grün in allen Variationen. Und als Topik in maximal faustgroßer Portion nehme ich gerne eines meiner Top 4 dazu:

1. Hähnchenbrust
2. Rinderhackfleisch
3. Thunfisch und
4. Wildlachs

Kommt es in unserem Körper dennoch zu einer Unterversorgung mit Valin, Leucin und Isoleucin (zusammen nennen wir sie BCAA), wie es vor allem bei Leistungssportlern oder bei Menschen höheren Alters der Fall sein kann, können Eiweiß Zusätze eingenommen werden. Bei uns im Schrank stehen aber nicht die Mega-Discounter-Packungen an manipuliertem Soja-Eiweiß mit abgebildeten Bodybuildern – bei uns handelt es sich um die gesunde Variante Mandel-Eiweiß, Lupinen-Eiweiß, Hanf-Eiweiß und noch vieles mehr, was als leckerer Shake eine komplette Mahlzeit bringt und einen hohen Energieschub in mir entfacht. Eben reines Eiweiß. Gerne garniere ich das mit Chia-Samen, Kakao-Bohnen und anderen Gimmicks.

Kannst Du Dir vorstellen, solch einen Shake am Tag zu trinken? Einen Deiner typischen Discounter-Eiweiß-Shakes in einen gesunden umzuwandeln?

Gehörst Du auch zu denjenigen, die hin und wieder eine dieser verrückten Diäten anfangen?

Merke Dir, auch während einer Diät sollten BCAAs ergänzend eingenommen werden, um deinem Muskelabbau während der Mangelphase entgegenzuwirken. Als Leistungssportler geht bei einer Diät Deine Leistungskurve stark nach Süden, also sprichwörtlich in den Keller. Du wirst vollkommen schlapp und bist Lichtjahre von deiner Best-Performance entfernt.

Die Studie der UCL (University College London 2013) unterstreicht, dass schon ein halber Schokoriegel von normaler Größe ausreicht, um Tumore zu produzieren. Das ist beeindruckend, denn es lässt darauf schließen, dass schon relativ geringe Mengen Zucker potenziell die Ausbreitung von Krebs fördern können. Viele Krebstumore reagieren direkt auf das Insulin, das durch den Zuckerverzehr in hohen Mengen gebildet wird.

Was hat das mit Burn-out zu tun? Ich behaupte aus meiner Praxis: extrem viel.

Die ganzen depressiven Stimmungen sind vielfach ein Vorbote von Zuckerüberfluss und Mangel an essenziellen Aminosäuren und vor allem ein Mangel des Salzes unseres Körpers, dem Magnesium.

Andere Untersuchungen, wie beispielsweise eine Studie von Dr. Robert H. Lustig, Professor für Kinderheilkunde an der Abteilung für Endokrinologie der University of California, San Francisco (UCSF) bestätigen, dass die meisten der heutigen chronischen Krankheiten auf den Zuckerkonsum zurückgeführt werden können.

Ich empfehle Dir zur Wissensvertiefung und Deinem zukünftigen „Abschied" von der Superdroge Zucker ein sehr informatives Video hierzu von University of California TV mit dem Titel: „Sugar – the bitter truth" (https://youtu.be/dBnniua6-oM?list=PLnUG).

Ich selbst war über 20 Jahre abhängig von dem besten Putzmittel der Welt: Cola. Heute bin ich clean und kann mit Fug und Recht bestätigen, dass ich von der Krebsschaufel abgesprungen bin und auch keine depressiven Phasen mehr in meinem Leben habe. Warum? Du bist, was Du isst! Sowohl mental, als auch mit Löffel, Messer und Gabel.

Was den Krebs angeht, so füttern die Hormone, die Dein Körper als Reaktion auf den Zuckerverzehr bildet, auch Krebszellen. Das heißt im Klartext: Jedes Mal, wenn Du Limonade trinkst oder einen „Riegel" isst, produziert

Dein Körper bestimmte chemische Substanzen, die Deinen schlummernden Krebszellen melden, nicht nur diesen Zucker sofort aufzunehmen, sondern sie geben die Mitteilung, dass diese mutierten Zellen aufwachen mögen und schnell wachsen und sich im Körper verbreiten mögen.

4.1 Meine persönlichen Antidepressiva[1]

Als erstes sprechen wir von sauberem Wasser

Wasser ist das mit weitem Abstand wichtigste Lebensmittel und der wichtigste Nährstoff, den wir bekommen können. Je mehr reines, stilles und sauberes Wasser man trinkt, desto schneller treibt man seinen Muskelaufbau und die Entgiftung im Körper voran. Beachte bitte, jede Flüssigkeit, die Du trinkst enthält Wasser. Doch leider sind es die anderen Zutaten, die Dich bei Deinen Fortschritten richtig gut unterstützen oder Dich in deiner Regeneration und in der Leistungsfähigkeit behindern können.

Deshalb empfehle ich Dir 2–3 L ausschließlich stilles und energetisch sauberes Wasser ohne Kohlensäure zu trinken.

Und wenn Du Leitungswasser trinkst, dann achte auf die im Wasser enthaltenen Hormone, Nitrate, Flouride

[1]Lustig R (2014) Fat Chance. Harper Collins UK (2014); China Study, T. Collins Campbell, Verlag Systemische Medizin, 2. Auflage 2011.

und all die anderen Fremdstoffe, die da nun wirklich nicht hineingehören. Deine Wasserwerke müssen Dir detailliert Auskunft erteilen, was im Trinkwasser enthalten ist. Es soll ja nicht „bissfest" sein und die fließende Apotheke mitschleppen, oder?

Achte darauf, dass Du immer die ausreichende Menge Wasser trinkst. Dehydrierung führt zu Folgeschäden im gesamten System der Organe und der Widerstandsfähigkeit der Körperzellen. Ich trinke bisweilen 4 L am Tag, damit ich das Ausschwitzen wieder ausgleiche.

In meinen Trainings werde ich immer wieder gefragt, was ich persönlich konkret tue. Meine Antwort ist kurz: Ich habe ein Wasserwerk in meiner Küche, das mir das ideale, energetisch aufbereitete Wasser für meine Körperzellen in der besten Qualität zur Verfügung stellt.

Nun zu den bissfesten Dingen …

Du willst eine Top-Performance abliefern und suchst nach der passenden Nahrung dafür? Dann lass uns den Stoffwechsel in Deinem Gehirn genau darauf ausrichten … auf eine Top-Performance! Damit „Deine Arbeit weiterhin Angst vor Dir hat" darfst Du Dir diese „Lebensmittel" in Deine Schränke legen und auf die Liste Deiner zukünftigen Energiequellen schreiben.

Sie wurden seit vielen Jahrtausenden in der einen oder anderen Form als Energiequelle genannt. Ich habe hier meine eigene Liste zusammengestellt und schreibe Dir, was sie bei mir und meinen Klienten bewirken. Unabhängig davon empfehle ich Dir, Dich mit dem glykämischen Index unserer Nahrungsmittel zu beschäftigen. Dort holst Du noch mehr raus. Meine Favoriten hast Du hier…

Nudeln adé – brauner Reis pusht Dich

Viele empfehlen als Beilage zum Essen mittlerweile Reis statt Kartoffeln oder Nudeln zu essen. Mit Nudeln ist leider Deine Weizenwampe vorprogrammiert. Da helfen auch keine Dinkelnudeln, der Killer ist das Gluten in den Nudeln. Wir empfehlen unseren Klienten auf braunen Reis umzusteigen. Brauner Reis verlangsamt erheblich mit seinem hohen Ballaststoffanteil Deine Verdauung. Damit bleibt auch Dein Insulinspiegel stabil. Der braune Reis liefert Dir den ganzen Tag über Energie und hebt Dein Wachstumshormonlevel um mehr als das Vierfache an. Es mach sicher Sinn, den Reis mittags zu essen, sonst hat eher Dein Nachtleben volle Energie. Eine Faustgröße, also etwa eine Tasse, gekochter brauner Reis enthält etwas über 200 kcal.

Popeye lässt grüßen … Spinat als Energiebringer

Durch seine reichhaltigen Antioxidantien förderst Du mit Spinat nicht nur Deine Gesundheit, sondern besitzt auch Inhaltsstoffe, die Deine Muskelkraft steigern. Spinat ist neben dem hohen Eiweißgehalt eine der ersten Quellen für Glutamin. Diese Aminosäure ist wichtig für den Muskelaufbau und für Dein Immunsystem in Magen und Darm. Schon 100 g roher Spinat enthält: 3 g pures Protein. Ich möchte meinen pulverisierten Spinat in meinen Eiweiß-Shakes nicht mehr missen.

Die besten Knospen sind die Brokkoliknospen

Doch viele essen sie leider totgekocht, statt gedünstet. Gut gedünsteter Brokkoli sorgt dafür, dass du dein Östrogen im Körper reduzierst und damit den Aufbau von Fettdepots und Wassereinlagerungen verhinderst. Gleichzeitig stärkt der Brokkoli aber auch deine Muskelkraft und dein Muskelwachstum. In Regenerationsphasen ist Brokkoli auch sehr effizient, denn es wirkt entzündungshemmend. Viele nutzen auch die Kraft des Brokkoli, um keinen Krebs zu bekommen.

Auch den pulverisierten Brokkoli nehme ich als Superfood für meine Eiweiß-Shakes.

Perfekt für zwischendurch sind weich gekochte Eier

Ich finde, Eier sind das perfekte Eiweiß für den Alltag und zwischendurch. Viele Wissensverteiler übernehmen die alte Hypothese, dass das Cholesterin im Ei schlecht für uns sei. Auf Nachfrage kommt aber keine fundierte Erklärung. Nun gut, wenn du 10 Jahre 10 Eier am Tag isst, mag das zutreffen. Der regelmäßige Verzehr von 1,2,3 Eiern sorgt jedoch für einen perfekten Schutz der Zellmembran deiner beanspruchten Muskeln. Meine Frau ist ausgebildeter Medical Wellness Coach, arbeitet mit Blutbildern und klinisch fundierten Detox-Programmen. Sie empfiehlt mir, die Eier leicht weich zu lassen, also nicht durchgekocht. Genau dann enthalten sie nämlich noch ihren wichtigen Vitamin B Komplex. Sie empfiehlt auch, dass Du als Sportler gute drei Eier im Laufe des Tages verzehren solltest, wenn Du an diesem Tag Sprint-/Kraft- oder Kraftausdauertraining betreibst. Deine Performance ist sichtbar besser und Du spürst einen deutlichen Zuwachs an Muskelmasse und Kraft.

Weißes Fleisch bevorzugen

Jede Art von weißem Geflügel leistet einen besseren Beitrag für Deine Ernährung als rotes Fleisch. Nur hier macht, wie überall, die Qualität den Unterschied. Enten und Gänse sind wieder weitaus fetter, deshalb schau, dass Du am besten Hähnchen- oder Putenbrustfleisch isst. Das hat gerade mal einen Fettanteil von 1–7 %. Beides sind hervorragende Eiweißquellen und liefern Dir ausreichend B-Vitamine, den Turbo im Blut Niacin, sowie Magnesium, Eisen, Kalium und Phosphor. Achte einfach darauf, dass Du keinen billigen Medikamentencocktail isst und dann kannst Du es schön durchgegart genießen. Eine faustgroße 250 g Mittagsmahlzeit Putenfleisch liefert Dir z. B. über 50 g Eiweiß und gerade mal 1 g Fett.

Bio-Rindfleisch vom Metzger des Vertrauens

Also wenn du schon „rotes" Fleisch als Energielieferanten haben willst dann bitte ein höheres Investment an Geld und gepflegt essen und nicht zwischendurch als Fastfood einatmen. Ich bevorzuge seit Jahrzehnten qualitativ hochwertiges Bio-Rindfleisch. Ich empfehle es Dir wegen seines Eiweißgehaltes und der gesättigten Fettsäuren, damit Du als Athlet Deinen hohen Testosteronspiegel halten kannst. Du kannst beim Bio-Bauern nachfragen oder auch in einschlägigen Foren und Ernährungsratgebern nachlesen, dass Bio Rindfleisch einen höheren Anteil konjugierter Linolsäure und Omega-3-Fettsäuren hat als das billige Supermarktfleisch. Bio-Rinder stehen grasfressend auf der Weide, während Stallrinder in erster Linie mit Getreide, und damit mit dem Gift Gluten gefüttert werden. Eine faustgroße Mahlzeit/250 g mageres Bio Rindfleisch enthält ca. 400 kcal, 50 g Eiweiß, 0 g Kohlenhydrate, und 20 g Fett. Beachte … 0 g Kohlenhydrate. Damit bleibt Dein Insulinspiegel im „grünen Bereich".

Einer meiner Wegbegleiter ist ein veganer Superstar-Koch. Raphael beweist mir, dass es auch fleischlose Alternativen gibt. Doch ich bin da etwas Steinzeit-angehaucht und respektiere meinen – im Gegensatz zu früher – stark gezügelten Fleischverzehr. Die Qualität macht hier den Unterschied. Und … by the way … Schweinefleisch ist bei mir vollkommen vom Speisezettel verschwunden.

Mein Tipp zu den Nährstoffangaben generell: Im Internet findest Du Nährstoffrechner. Mit deren Hilfe kannst Du heute fast jedes Lebensmittel berechnen.

Omega 3

Warum empfehle ich Dir, z. B. wilden Lachs zu essen oder hochwertiges Omega 3 in anderer Form einzunehmen? Der natürlich aufgewachsene Lachs z. B. ist reich an den essenziellen Omega-3-Fettsäuren EPA und DHA (für die Begriffsnutzer: Eicosapentaensäure und Docosahexaensäure). Heute wissen wir, dass ein höherer Konsum von Omega-3-Fettsäuren zu einem besseren Muskelaufbau führt und als Kraftstoff verbrannt wird. Auch schützt Omega 3 deine Muskeln und Gelenke vor einem Zusammenbruch und verkürzt Deine Heilungsprozesse erheblich.

Ein faustgroßes Lachssteak/250 g enthält über 40 g Protein, 0 g Kohlenhydrate und ca. 24 g der lebensnotwendigen Fettsäuren. In unserer Praxisarbeit setzen wir Omega 3 auch gezielt in ADHS- Fällen, bei der Reduzierung von

Schlafstörungen, zur Bekämpfung von Altersdemenz und vielen weiteren Gebieten ein.

Fisch? Ja, am liebsten Hering (neben dem wilden Lachs)!

Der gute Hering wird vollkommen unterschätzt, denn der Kreatingehalt ist einer der höchsten aller Lebensmittel. Kreatin fördert deinen Muskelaufbau. Ach ja, und sauer macht lustig!

Nüsse sind genial

Walnüsse sind eine der ganz wenigen Nussarten, die eine Vielzahl von Omega-3-Fettsäuren besitzen. Bei einer Handvoll (30 g) Walnüssen als Tagesdosis, erhältst du neben 4 g Protein auch 18 g Fett, von dem sehr viel Omega-3-Fette sind.

Paranüsse zum Beispiel liefern Dir reichlich einfache ungesättigte Fette, die Dein Herz schützen und die Regeneration beschleunigen. Ich setze Paranüsse auch zur Fettschmelze ein. Paranüsse liefern das für deine Schilddrüse so wichtige Selen. Wenn Du Schilddrüsenprobleme hast, dann solltest Du zu Paranüssen greifen. Das Selen ist auch sehr wichtig für Deinen Muskelaufbau. Schon eine Handvoll Paranüsse liefern Dir mehr als 500 μg Selen.

Welcher Tee liefert dir Energie?

Wann und warum solltest Du qualitativ sauberen schwarzen Tee trinken? Meine Sportler trinken den schwarzen Tee am Morgen und während des Trainings. Nur bitte nicht heiß. Lass ihn abkühlen.

Warum ausgerechnet schwarzer Tee? Mit dem schwarzen Assam- oder Ceylontee verbrennst du wie aus dem

Nichts deine Fettpolster. Aus der indischen Lehre können wir das Wissen umsetzen, dass schwarzer Tee erheblich das Krebsrisiko senkt. Du senkst damit deinen Cortisol-Spiegel im Blut um über die Hälfte. Cortisol bildet sich beim Training, es erhöht Deinen Muskelabbau und behindert das Testosteron beim Muskelaufbau. Umgekehrt, Cortisol senken, damit Testosteron erhöhen, führt zum Muskelaufbau und zu mehr Power. Schon vier Tassen vom schwarzen Tee sorgen dafür, dass Dein Cortisol unten bleibt.

Wenn Du davon das eine oder andere umsetzt, garantiere ich Dir phänomenale Verbesserungen und antidepressive Zeiten.

Was wird Dein nächster Schritt sein? Was wirst Du Dir jetzt als nächstes im Markt kaufen? Mach' Dir doch gleich einen Einkaufszettel.

____
____
____
____
____

Literatur

Buth C (2013) Zuckersüchtiger Krebs. ARD Sendung „W-wie Wissen" vom 10.03.2013. http://www.daserste.de/information/wissen-kultur/w-wie-wissen/sendung/krebs-zucker-100.html. Zugegriffen: 24. Juni 2016

University College London (2013) Sugar makes cancer light up in MRI-Scanners. http://www.mdtmag.com/news/2013/07/sugar-makes-cancer-light-mri-scanners?et_cid=3355921&et_rid=413500061&type=cta#.Udr5P-Ar98t. Zugegriffen: 24. Juni 2016

5

Burn-out… nach Ziellosigkeit, fehlender Gehirnenergie folgt der Infarkt der Seele

Nachdem wir nun auf die Ernährung geschaut haben, unsere Schränke durchleuchtet haben und entschlossen sind, Rituale mit mehr Lebensfreude in unser Leben zu integrieren, komme ich in diesem Kapitel auf das „nicht sofort Messbare".

Ich frage Dich, was passiert mit einem Menschen, dessen emotionaler Erschöpfungszustand so ungeheuer stark ist, dass er seine Leistungsfähigkeit komplett verliert, dass er apathisch und desillusioniert wird, tief traurig und zunehmend aggressiv ist und er nicht selten einen Ausweg in einer Sucht findet?

In den 70erJahren des letzten Jahrhunderts prägte der Psychotherapeut Herbert Freudenberger den Begriff Burn-out, als er in New York Erfahrungen mit seinem eigenen Burn-out machte und dies in seinem Buch „Burn Out" veröffentlichte (Freudenberger 1974).

C. Ressel, *Der Anti-Stress-Trainer für Sportler,*
DOI 10.1007/978-3-658-12456-4_5

Vor einigen Jahren bat mich ein Mann mittleren Alters um einen Termin. Der Mann beklagte von Zeit zu Zeit starke Kopfschmerzen und schilderte, dass er von einem Arzt zum anderen gegangen ist, seinen Kopf gescannt hat und nichts, einfach nichts zu finden ist. Ich wusste schnell, was er meinte.

Nach wenigen Fragen schildert mir der Mann, wann er diese Schmerzen bekommt und wann es begann. Er erzählte mir davon, dass er nachts nicht mehr durchschlafen kann. Er sei ständig gereizt und hat nur noch Zank und Streit mit seinem Chef und seiner Familie, die sich nun von ihm trennen will. Sein Chef sei unzufrieden, weil er nicht mehr die vereinbarte Leistung abliefert und überlegt, ihn zu kündigen. Mittlerweile macht es ihm auch keinen Spaß mehr, zum Training zu gehen und die Kinder zu fördern und zu fordern. Überhaupt macht ihm nichts mehr Spaß.

Ist dies ein Einzelfall? Oder findet sich das immer und immer wieder?

Mir fällt die Geschichte einer Klientin ein, die keine 30 Jahre alt war. Sie lebte allein mit ihrer Tochter in einer Großstadt und suchte ihre Abwechslung darin, jeden Tag 2 h anstrengenden Sport zu treiben. Eines Tages spürte sie einfach keine Lust mehr, morgens aufzustehen, ihre Tochter für die Schule fertig zu machen und dann selbst ihren Sport zu machen, bevor sie zu ihrer Arbeit ging. Und weil sie dann keinen Sport mehr machte, bekam sie solch starke Rückenschmerzen, dass sie schon nach kurzer Zeit nicht mehr aufstehen konnte.

Ihre Tochter rief den Rettungswagen. Doch die Ärzte steckten sie nicht in die Chirurgie, sondern in die Psychatrie.

Deutsche Krankenkassen sprechen mittlerweile bei diesen psychosomatischen Krankheiten von einem milliardenteuren Schaden in der Volkswirtschaft. Und dieser Schaden steigt und steigt.

Bevor jemand behauptet, Du hättest Burn-out, also eine Belastungsdepression, solltest Du in einem großen Blutbild erst einmal ein paar Werte geklärt haben, damit die Behauptung zutrifft oder eben nur eine pauschale Behauptung ist.

Damit es zu keiner falschen Diagnose kommt, sollte Dein Arzt vor der Behandlung eines Burn-outs die folgenden Erkrankungen absolut ausschließen können, wobei Dir das endgültig ein detailliertes Blutbild sagen kann. Für dieses große und ausführliche Blutbild empfehle ich Dir nicht die Lösung beim Hausarzt. Wenn er fair ist, schickt er Dich in ein spezielles Institut, das sich um die Blutbilder z. B. von Spitzensportlern kümmert.

Wichtig ist, dass Dein Arzt die folgenden Erkrankungen ausschließen kann:

- Sauerstoffarmut im Blut als Folge einer Anämie. Denn das führt schnell zu chronischer Müdigkeit, zu ständigem Kopfschmerz, zu Schwindelanfällen und zu verminderter Leistungsfähigkeit.
- Natürlich sollte ausgeschlossen sein, dass Du irgendeine Art von Tumor mit Dir trägst.

- Oftmals werden auch durch Infekte und einfachstem Vitamin- und Nährstoffmangel schnelle Fehldiagnosen gestellt.
- Dein Arzt sollte auch keine Stoffwechselerkrankungen oder Herz-Kreislauf-Krankheiten diagnostiziert haben.

Steht eine Belastungsdepression (Burn-out) fest, so wende ich folgende Behandlungen an …

… Wir führen viele Einzelgespräche für die Ursachenforschung.

… Wir trainieren gemeinsam bewährte Anti-Stress-Techniken.

… Du erlernst von mir schnell umsetzbare Entspannungstechniken und

… wir erstellen Tagespläne und Rituale, die wir auch gemeinsam kontrollieren, damit Du einen Halt bekommst.

Immer wieder werde ich gefragt, Clemens gibt es einen typischen Burn-out-Patienten? Also einen vorprogrammierten Kranken?

Ich stelle oft fest, dass es Parallelen bei vielen Betroffenen gibt. So können die Betroffenen selten oder gar nicht mehr NEIN sagen, nehmen jede Art von Arbeit an und sind der Lastesel der Nation. Mein Kollege Peter Buchenau beschreibt dies sehr anschaulich in seinem Buch „Nein gewinnt" (Buchenau 2015). Sie sind bereit bis ans Limit ihrer Leistungsfähigkeit zu gehen und oft auch darüber hinaus. Sie werden zunehmend konfliktscheu und verweigern sich ihrem Umfeld. Das führt bis zur Ablehnung jeglicher Hilfe von Freunden und Bekannten. Zur

Not sitzen sie bis in die Nacht an Trainingsplänen und Videoanalysen, durchsuchen das Internet nach neuesten Techniken und wollen alles selber lösen. Und wenn das dann nicht so erfolgreich funktioniert, wie sie es sich wünschen erstarkt in ihnen von Tag zu Tag immer mehr ein wachsendes Minderwertigkeitsgefühl.

In den vielen Jahren im Austausch mit Entscheidern in der Wirtschaft, sowie mit Spitzensportlern und deren Trainern steht eines an oberster Stelle: Das Gespräch, die Anamnese. Jeder qualifizierte Arzt macht mit Dir eine solche Anamnese.

Mithilfe dieser Anamnese weiß ich, wo die Reise hingeht. Dadurch kann ich den Betroffenen Werkzeuge an die Hand geben, mit denen sich verborgene Konflikte erkennen und bearbeiten lassen. Das sogenannte Kopfkino ist die für mich beste Möglichkeit, um in der Welt des Betroffenen Werkzeuge bereitzustellen, die er auch nutzen kann und vor allem „will". Es nützt nichts, tolle Weisheiten zu verteilen, wenn der Betroffene sie nicht wirklich umsetzen will.

Ich gebe Dir ein einfaches Beispiel: Dein Olympiasieg entsteht Jahre, bevor Du selbst über die Ziellinie läufst.

Zu Beginn steht ein Trainingsplan in Deiner Disziplin. Früher wurden die Trainingspläne mit Bleistift und einem Stück Papier aufgestellt, heute hast Du ausgefeilte Apps und Computerprogramme dafür.

Nachdem der Trainer die Pläne mit seinen geheimen Trainingskenntnissen vermengt hatte, wurde die/der Trainierende in ein Trainingsprogramm gesteckt und seiner „Entwicklung" überlassen. Doch genau aus diesem unangenehmen Prozess entsteht schlussendlich die „Willensstärke“, den Olympiasieg zu holen. Es kann nicht ohne diesen Vorgang gelingen. Vergleichst Du Deinen Lebenslauf mit dieser täglichen „Willensprüfung“, ergeben sich für Dich schnell Lösungsansätze Deiner aktuellen Situation oder des Dilemmas, in welchem Du gerade steckst.

Die Seele spielt ein Trainingsprogramm durch und unsere eigenen Erfahrungen und Erlebnisse bilden sich aus den durchlebten Trainingsplänen. Es wird sichtbar, an welcher Stelle die Störungen liegen. Die Seele des Menschen ist undicht, sie hat gewissermaßen ein „Leck“ oder gleich mehrere. Du hast plötzlich Löcher in Deiner Seele, wie bei einem großen Dampfer, bei dem die Crew vergessen hat, die Nieten zu kontrollieren und sie nun nach und nach wegplatzen … nur das auf hoher See.

Je größer das Leck nun wird, desto schneller verfehlst du dein Ziel. Und die Crew ist nicht mehr damit beschäftigt, das Schiff zu lenken, sondern sucht nach den Nieten, um die Löcher zu stopfen. Nur leider vergebens.

Das Schiff beginnt zu sinken. Dein Schiff beginnt zu sinken. Dein Burn-out greift wie eine Krake unter dem sinkenden Schiff nach Dir. Jetzt gilt es zu helfen, zur Seite zu stehen. Dafür braucht es neben den Freunden und der Familie auch Profis, die in der Lage sind, zu erkennen, woher das Leck kommt und wie es zu reparieren ist.

Nimm dir bitte mal ein paar Minuten Zeit und beantworte Dir selbst diese Fragen, die ich meinen Klienten immer wieder stelle, um an die eigentlichen Lösungen heranzukommen. Beantworte Dir bitte die folgenden Fragen, indem Du sie auf dich wirken lässt, bevor Du etwas hinschreibst.

Leide ich darunter, wenn ich kein Selbstbestimmter bin, mein Schicksal/mein Leben in bestimmten Situationen immer wieder von (Chef, Familie, Trainer) anderen dominiert wird?

Behindert mein eigener hoher Leistungsanspruch meine Lebensfreude?

Welche Löcher in meiner Seele habe ich bisher erfolgreich verdrängt? Welches Loch versuche ich immer wieder mit immer höherem Aufwand zu schließen?

Welche Konflikte mit anderen Menschen oder Situationen vermeide ich immer wieder?

Danke Dir, dass Du den Mut hattest, Dich ein paar Minuten intensiv mit Dir „zusammenzusetzen" und Dich mit Dir zu beschäftigen. Schon allein das sorgt für Ruhe in Deiner Seele und wirkt jedem Infarkt entgegen.

Der Trainer und die Sportlerin, haben sich Gedanken über ihre Löcher und Defizite im Leben gemacht und unter Anleitung begonnen, diese „Löcher" zu stopfen. Sie gewannen ihre Lebensfreude zurück und begannen wieder Ziele anzupeilen.

Die Sportlerin hatte obendrein das Erlebnis, dass ihre Tochter wieder mit Spaß in die Schule ging und sich musikalisch so stark entwickelte, dass sie heute in einer Musikgruppe spielt und damit auf Reisen geht und die Welt sieht.

Der Trainer hat sich einer neuen Trainingsmethodik gewidmet, sich neu verliebt in seine Frau und somit richtig viel Schwung und Freude in sein Leben bekommen.

Im Laufe der Gespräche und Coachings habe ich sie regelrecht entgiftet. Nicht nur im „Geist", sondern auch in den Körperzellen.

Ich habe sie dazu gebracht, ihre Zellen durch eine Detox- und Basenkur wieder aufnahmefähig und leistungsfähig zu machen. Was nützt es Dir, die teuersten Nahrungsergänzungsmittel zu nehmen, wenn Deine Zelle gar nicht in der Lage ist, diese Nährstoffe aufzunehmen.

Bringe Deine Zellen erst einmal dazu, den Dreck loszulassen. Und das schaffst Du am schnellsten, wenn Du das Milieu, also die „Suppe", in der die Zellen schwimmen, von dem sauren Zustand befreist und basischer machst. Meine Basenkur, die ich einsetze, basiert auf einem ionisiertes Wasser, das wir auf einen pH-Wert von 12 angehoben haben. Gerade Menschen, die unter ungeheurem seelischen Druck stehen, leiden unter einer latenten Störung des Säure-Basen-Haushaltes, die ein Absinken des pH-Werts im Blut bewirkt. Damit vermindert sich besonders die Leistungsfähigkeit des Blutes massiv.

Durch das Entgiften/Detoxing und der Basenkur erreichen wir, dass sich die Anwender körperlich sehr viel leistungsstärker fühlen.

Natürlich haben wir noch weitere, ich nenne sie gerne „unverzichtbare Mittel“ parat, doch ich möchte hier keine globalen Empfehlungen aussprechen, denn ich bin ein Befürworter der individualisierten Nahrungsergänzung. Mein Blut braucht nun einmal andere Stoffe als das meiner Kinder, das meiner Frau, das meiner Klienten. Jeder hat andere Anforderungen und darauf gilt es, seine tägliche „Dosis“ abzustimmen.

Daher bitte Finger weg von der „Ich-bin-die-für-alles-fitmachende-Superpille“ und exotischen Wundersäften, so verführerisch sie auch klingen und versprechen mögen.

Jetzt eine deutliche Frage an Dich: Welche Zusammensetzung an Nahrungsergänzungen hast Du jeden Tag auf Deinem Zettel, nimmst Du ein? Beantworte Dir bitte diese Frage und auch die Frage: Was benutzt Du konkret wofür und mit welchem Effekt für Dich? Und damit meine ich nicht die Ergebnisse Deines Nachbarn oder der hübschen Frau auf der Verpackung, ich meine DEINE Resultate?

____

____

____

____

____

____

Ein kurzes Beispiel

In der orthomolekularen Medizin werden keine körperfremden Arzneimittel verabreicht, welche die Symptome beseitigen sollen, sondern es wird nach körpereigenen

Mitteln gesucht, die in der Lage sind, die Ursachen der Krankheiten auch wirklich zu beheben.

Prof. R. J. Williams, einer der „Gründerväter" der orthomolekularen Medizin (Williams und Landsford 1967), fragte mich einmal, als ich reichlich Aspirin gegen meine Schmerzen einnahm: „Herr Ressel, glauben Sie wirklich, dass Sie an Arthritis leiden, weil Ihrem Körper Aspirin fehlt?" Ich war verblüfft, doch mit diesem Aspirin-Konsum hätte jeder Außenstehende meinen können, ich kämpfe gegen Arthritis, was ich aber nicht tat.

Wie viele nehmen im Topsport Schmerzmittel ein? Im Spitzenhandball weiß ich aus meinem eigenen Erleben, ist es Alltag vor jedem Spiel sich hoch dosiert mit Schmerzmitteln zu betäuben, damit die Angriffe in Gesicht und Halsbereich nicht mehr so wehtun.

Im Turnen und Skisport erlebe ich es auch immer häufiger.

Wie oft nimmst Du denn Schmerzmittel ein? Sei bitte ehrlich zu Dir!

Belastungsstress ist heute eines der größten Gesundheitsprobleme in der ganzen Welt. Gemäß einem Bericht der Weltgesundheitsorganisation (Chisholm et al. 2016) leiden weltweit mehr als 450 Mio. Menschen an verschiedenen Krankheiten, die mit Stress verbunden sind. Ein wesentliches Problem ist dabei, dass viele nicht einmal wissen, wie man dem Stress effektiv entgegenwirkt.

In meinen Augen können wir hier vom Ausmaß einer Epidemie sprechen. Eine Epidemie, die totgeschwiegen wird, warum auch immer. Denn es beeinflusst und zerstört ganze Familien und wirkt sich insgesamt negativ auf die Gesellschaft und die Produktivität der Gesellschaft aus. Wenn wir uns wegen der Arbeit oder emotioneller Angelegenheiten überlastet fühlen, zehrt unser Organismus alle Energiereserven auf. Es frisst unsere Vitamin B-Komplexe regelrecht auf, Kannibalismus pur. Das macht uns reizbar und anfällig für Depression oder Schlaflosigkeit.

Wenn Du mehr als 3 mit „ja, hab' ich" markierst, steckst Du bereits mitten drin. Hier die gewöhnlichsten Stresssymptome:

... Erhöhter oder unregelmäßiger Puls
... Gefühl, dass der Hals oder der Magen zugeschnürt ist
... Herzklopfen
... Hyperaktivität
... Konzentrationsschwächen
... Kopfschmerzen
... Lustlosigkeit
... Müdigkeit tagsüber
... Reizbarkeit
... Schlaflosigkeit
... Selbstzweifel
... Stimmungsschwankungen
... Termindruck
... Übermäßiger Verzehr von Alkohol oder Kaffee sowie mehr Rauchen
... Unfähigkeit, Entscheidungen zu treffen

Ein Leben ohne Stress gibt es nun mal in unserer „zivilisierten Welt" nicht. Stress ist die natürliche Reaktion unseres Organismus auf eine plötzliche Veränderung unserer äußeren Umstände. Beliebige Veränderungen in unserem Leben, ob negativ oder positiv, rufen den Stress hervor. Bedingt durch Stress leiden viele Menschen an Schlaflosigkeit.

Das häufige Problem ist das Aufwachen während des Traumes und das frühe Erwachen. Damit kommt es zu unterschiedlichen negativen Folgen: Müdigkeit im Laufe des Tages. Damit fällt es schwer, sich zu konzentrieren und es führt zur Verschlechterung der Gedächtnisleistung und nebenbei zu kognitiven Störungen. Du bist weit weg vom Spitzenzustand.

Auch in Deutschland, Österreich und in der Schweiz leiden immer mehr Menschen am sogenannten „Burnout-Syndrom". Als medizinische Diagnose ist dies bis heute nicht anerkannt. Es ist jedoch nicht zu leugnen, dass die Zahl der Arbeitsunfähigkeitstage aufgrund seelischer Leiden weiter dramatisch ansteigt. Nun belegt auch eine Studie der deutschen Krankenkasse DAK (Gesundheitsreport 2015) die Auswirkungen von psychosomatischen Ausfällen in Bezug auf die Arbeitsfähigkeit wie folgt:

> An zweiter Stelle (… der Ursachen für Arbeitsunfähigkeit) stehen hinsichtlich des AU-Tage-Volumens die psychischen Erkrankungen mit 16,6 Prozent der Ausfalltage. Im Vergleich zum Vorjahr ist mit 237,3 AU-Tagen pro 100 Versicherte ein weiterer Anstieg der Fehltage festzustellen (2013: 212,8 AU-Tage). Auch die Erkrankungshäufigkeit mit durchschnittlich 6,8 Fällen ist gegenüber dem Vorjahr weiter angestiegen (2013: 6,2 AU-Fälle je 100 VJ).

Ich halte diese Zahlen für einen Fingerzeig auf ein massiv zunehmendes Problem. Eine Herausforderung, die wir nicht mehr in Statistiken verstecken dürfen, sondern gezielt angehen müssen. Es betrifft ja nun immerhin ein Familienmitglied in jeder Familie. Und weil dieses Problem nicht mehr weit weg ist, sondern in den eigenen vier Wänden, ändert sich der Fokus der Menschen im Umfeld der Betroffenen langsam ... Langsam, doch die Menschen sind bereits auf der Suche nach einem natürlichen Weg, erfolgreich und ohne irgendwelche Nebenwirkungen. Im letzten Teil gebe ich Dir ein paar praktische Anleitungen mit, die Du sofort im Alltag einsetzen und umsetzen kannst.

Als Abschluss möchte ich Dir ans Herz legen, beschäftige Dich intensiver mit dem, was Du isst und trinkst.

Es ist hilfreich, ein paar Tage einen Zettel dabeizuhaben und zu notieren, was Du alles isst und trinkst.

Wenn Du dann am Ende von den mindestens fünf Tagen Kontrolle genau hinschaust, was davon Energiebringer und was Energieräuber sind, dann wirst Du von selbst ins Handeln kommen, um Deinen Spitzenzustand wieder erreichen zu können.

Oder willst du behaupten, dass Du bereits Deinen Spitzenzustand lebst? Ernsthaft (Tab. 5.1)?

Tab. 5.1 im Essen

Tag / Uhrzeit	1	2	3	4	5
0700					
0800	☹	☺	☹	☺	
0900					
1000					
1100					
1200	☺	☺	☹	☹	
1300					
1400					
1500					
1600					
1700					
1800					
1900					
2000	☹	☹			

☺ Energiebringer

☹ Energieräuber

Literatur

Buchenau P (2015) Nein gewinnt! – Warum Ja-Sager verlieren. Springer Gabler, Wiesbaden

Chisholm D et al (2016) Scaling-up treatment of depression and anxiety: a global return on investment analysis. The Lancet Psychiatry 3(5):415–424. doi:10.1016/S2215-0366(16)30024-4

Freudenberger HJ (1974) Staff Burn-Out. J Soc Issues 30:159–165

IGES Institut GmbH (2015) DAK Gesundheitsreport 2015. https://www.dak.de/dak/download/Vollstaendiger_bundesweiter_Gesundheitsreport_2015-1585948.pdf. Zugegriffen: 29. Juni 2016

Williams RJ, Landsford EM (1967) The encyclopedia of biochemistry. Reinhold, New York, S 86–87

6 Praxis erleben

Dieser Teil des Handbuches beinhaltet alles, was Du benötigst, um der Belastungsfalle Burn-out zu entgehen. Hier gebe ich Dir Werkzeuge an die Hand, die Du zielgerichtet einsetzen und anwenden kannst. Alle hier beschriebenen Übungen werden Dir auf der Webseite www.wennderkopfstreikt.club zur Verfügung gestellt. Somit sparen wir beide uns hier Bilder, die Dir keine Anregung zum Handeln liefern. Nach meinen Erfahrungen sind Audios und Videos das effizienteste Mittel, damit Du diese Übungen ohne große Anlaufschwierigkeiten umsetzen kannst.

Um den Zustand mentaler Fitness wiederzulangen und zu halten, bedarf es Wissen und Können aus drei Bereichen.

C. Ressel, *Der Anti-Stress-Trainer für Sportler*,
DOI 10.1007/978-3-658-12456-4_6

1. Wissen, welche Entspannungsmöglichkeiten es für Sportler und Sportbegeisterte gibt
Ziel ist es, dass Du auch unter Stress tief entspannen kannst und wie Du Entspannungsverfahren so gut erlernst und im Unterbewusstsein verankerst, dass die Entspannung wie ein Reflex abläuft.

2. Visualisierungs-Know-how
Setze Dir klare Ziele in verschiedenen Lebensbereichen und formuliere und visualisiere sie in Deinem Kopfkino so „gehirngerecht", dass Du sie jederzeit bewusst werden lassen kannst und Deine Ziele auch unter stärkstem Stress klar und vorstellbar sind.

3. Dein Wissen, wie du es jederzeit und an jedem Ort, egal wo, anwenden kannst
Ich spreche von dem Wissen, Deine mentalen Strategien in allen Lebenslagen einsetzen zu können. Also auch, wie Du in Krisensituationen die ganz spezifische persönliche Lösung findest.

Mein Ziel ist es, dass die Techniken für jeden anwendbar sind, der es ernsthaft will und dafür Zeit und Geld investiert, mentale Strategien zur Erreichung seiner sportlichen und vor allem seiner Lebensziele einzusetzen.

Als effektive Entspannungsübungen im Top-Sport haben sich folgende Übungen bewährt:

1. Atemübungen
2. Die vollkommene Aktiventspannung
3. Die mentalen Entspannungsreisen

Hier erhältst Du ein paar Beschreibungen dessen, was Du auf www.wennderkopfstreikt.club als Video siehst. Es sind drei effektive Methoden, die ich erfolgreich in meinen Trainings und Coaching mit den Top-Sportlern einsetze.

Die erste effiziente Übung heißt:

6.1 Der Atem des Lebens

Diese Übung ist mein persönlicher Favorit und ist eine einfach umzusetzende Atemübung in alle vier Himmelsrichtungen. Sie ist schnell und effektiv. Diese Atemübung harmonisiert meinen Körper und sorgt für schnelle Stabilität. Sie basiert auf Traditionen der Native Americans (der nordamerikanischen Ureinwohner), die ich am Ende des letzten Jahrhunderts besuchen durfte. Hier meine von ihnen abgeleitete Übung, die ich auch schon in abgewandelter Form auf Seminaren wiederfinden konnte.

Wichtig ist, dass die Urform der Native Americans seit Zeiten, in denen wir Europäer noch auf Bäumen gewohnt haben, funktioniert. Also können wir beim „Einfachen" bleiben. Denn während unsereins zum Doktor geht, wenn wir krank sind, ist es in anderen Kulturen das Ziel, mit einfachen Mitteln präventiv zu handeln und gesund zu bleiben. Dieses klare gesundheitsfördernde Ziel verfolgt diese Atemtechnik.

Los geht's.

Bitte stelle Dich mit ausreichend Platz um Dich herum am besten auf eine Wiese oder einen freien Platz, an dem Du die nächsten 20 min nicht gestört werden kannst.

In der Grundstellung liegt Deine linke Hand unter dem Bauchnabel und die rechte Hand auf dem Herzen. Der Blick geht geradeaus und Du fixierst ihn immer wieder auf einem Dir sympathischen Punkt am Horizont.

Bei jedem rhythmischen Signal wird zuerst mit dem rechten und danach mit dem linken Bein ein Ausfallschritt nach vorne gemacht.

Parallel dazu streckst Du Deine Arme nach vorn aus, mit der Handfläche nach oben. Die Hand des nicht ausgestreckten Arms liegt dabei weiter auf dem Unterbauch.

Ich bitte Dich, gib 100 % Krafteinsatz, keine Halbheiten, kein Standgas… Die 100 % erkennst Du dann daran, dass Du dein Raum-Zeit-Gefühl aufhebst… von Übung zu Übung immer mehr.

Geh wirklich zu Deinen 100 %, nicht weniger und auch nicht mehr. Dein Krafteinsatz und Dein Gefühl von 100 % variiert immer mal wieder. Wie gesagt, von Übung zu Übung.

Doch ich garantiere Dir, je häufiger Du Dich auf deine 100 % einlässt, umso mehr steigt Dein Körperbewusstsein und umso öfter erreichst Du das Gefühl leichter körperlicher Ekstase.

Mit jedem Ausfallschritt atmest Du so intensiv wie möglich aus. Wenn Du Deine Hand wieder zum Körper führst, atmest Du genauso intensiv wieder ein. Bestimme Dein Atemvolumen so, dass Du zwischen Ein- und Ausatmen kleine Pausen machst.

Zu Beginn jeder Übung ist der Rhythmus erst einmal langsam. Hier nimmst Du Dir die Gelegenheit, sehr tief ein- und auszuatmen. Später wird Dein Rhythmus immer schneller und ich empfehle Dir dann, weniger tief ein- und auszuatmen. Durch den hohen Rhythmus wird die absolute Menge des Atems sowieso sehr hoch.

Wer meint, sie oder er könne sein Atmen nicht bewusst steuern, weil das nun mal nicht ginge und wohl auch nicht gut sein könne, der möchte sich bitte daran erinnern, dass fast alle Menschen beim Sex automatisch kürzer und schneller atmen. Es hat sich bei dieser Übung noch nie einer veratmet oder ist wegen Falschatmens tot umgefallen.

Wenn das Verhältnis von Ausatmen (Geben) zum Einatmen (Nehmen) ausgeglichen ist, stimmt auch Deine Durchblutung im Körper. Machst Du die Atemübung ein paar Minuten kann ich Dir eines garantieren: Dir wird ziemlich warm. Wenn Du kalte Hände oder Füße bekommst, dann achte mehr auf das Einatmen. Es soll genauso viel eingeatmet, wie ausgeatmet werden. Die kalten Hände oder Füße werden in der Regel nach 2–3 min sofort wieder warm.

Kommen wir zum Kick im Kopf, das Mentale Erlebnis

Der Nutzen dieses rhythmischen Ein- und Ausatmens kommt erst zum Tragen, wenn Du mit jedem Ausatmen alle Gedanken aus Deinem Kopf mit ausatmest. Das ist zunächst für einige Teilnehmer gar nicht so leicht und wenig vorstellbar, manche werden sogar richtig wütend, wenn es nicht klappt.

Schön ruhig… Geduld, Geduld… Dann kannst Du verschiedene gedankliche Hilfskonstruktionen benutzen, z. B. eine Feder wegpusten oder ein Loch in den Tiefschnee pusten.

Wenn es Dir gelingt, Gedanken mit dem Ausatmen loszulassen, wirst Du das als „Abschalten“ erleben. Und doch schärft sich auf diese Weise Deine Wahrnehmung für so ziemlich alles, was in Dir selbst und in Deiner Umgebung geschieht.

Manche Gedanken brauchst Du nur einmal auszuatmen. Andere, eher hartnäckige Gedanken kommen noch ein paarmal wieder, manche sind auch so richtig hartnäckig und wollen oft „beatmet“ werden.

Gerade durch das viermalige Wiederholen (wir haben 4 Himmelsrichtungen) in jeweils 5–7 min je Himmelsrichtung, wird Dir klar, welche Gedanken Dich hartnäckig verfolgen, wie Deine Ängste heißen oder welche Gedanken Dich am Tage aus dem Rhythmus bringen.

Deshalb ist diese Übung wirklich gut. Gut für Deinen Körper, sich zu dehnen, zu strecken und ruhig zu bleiben. Gut für Deinen Geist, über das Klarwerden und Loslassen der Gedanken und gut für Deine Seele, über das Abstand-Aufbauen zu einst belastenden Erlebnissen, Gefühlen und Gedanken.

Mit dieser Übung übst Du einen bedingten Reflex zwischen dem Ausatmen und dem Gedanken- Loslassen ein. Das ist eine fulminante Grundübung jeglichen mentalen Trainings.

Hier ein kurzer Ablaufplan:

Die Bewegungen der ersten 5–7 min gehen nach Norden, und zwar mit dem Ausfallschritt erst mit dem rechten und dann mit dem linken Bein. Die Bewegungen der zweiten 5–7 min gehen mit dem rechten Bein nach Osten und mit dem linken Bein nach Westen. Die Bewegungen der dritten 5–7 min gehen mit dem rechten und dem linken Bein nach Süden.

Die Bewegungen der vierten 5–7 min gehen nacheinander in alle vier Himmelsrichtungen.

Dein Blick wandert, den Kopf gerade haltend, deine offenen Hände einen Punkt am Horizont fixierend erst nach Norden, dann nach Osten, Westen und dann nach Süden… gerader Kopf und Blick geradeaus.

In den Pausen… ruhig eine ganze Minute… geht dein Blick gen Norden, die linke Hand liegt unter dem Bauchnabel und die rechte Hand auf Deinem Herzen.

Du findest das richtige Maß zwischen Einatmen und Ausatmen, zwischen Geben und Nehmen. Du findest das richtige Maß für den optimalen Energieeinsatz, anstelle von Unter- oder Überforderung. Du findest den richtigen Umgang mit störenden Gedanken und bringst Dich in ein fließendes Gleichgewicht. Du lässt Dich von scheinbaren „Fehlern" nicht aus dem Rhythmus bringen und lässt Dich nicht irritieren. Du erfährst selbst, wie Du mit Gedanken umgehst.

Du findest Deine volle Entfaltung dieser Atemtechnik, …

… weil Du den Mut entwickelst, die Gedanken, die Dich bremsen, auszuatmen… anfangs zaghaft und zunehmend entschlossener.

… weil Du mit jeder Wiederholung mehr und mehr diesen fließenden Zustand genießen wirst, dieses Gefühl von Seinlassen, das Gefühl in Trance zu kommen.

Mehr dazu findest du auf www.wennderkopfstreikt.club.

Kommen wir zur 2ten Technik, die ich von einem Psychologen als Anleitung bekam und für mich effizient umgewandelt habe. Sportler ticken oft pragmatischer als Wissenschaftler. Dennoch danke ich ihm für die Inspiration, sie für mich umzuwandeln.

6.2 Die Vollkommene Aktiv-Entspannung

Hast Du schon einmal etwas von einer aktiven Entspannung gehört? Ich erkläre Dir hier kurz den Ablauf.

Die vollkommene Aktiventspannung ist eine Kombination aus vier bewährten Entspannungstechniken mit jeweils fünf Minuten.

In den ersten fünf Minuten geht es darum, dass Du alle Spannungen aus Dir herausschüttelst. Wir hören einen guten Rhythmus, eine ziemlich intensive Musik. Nimm Dein Smartphone, lege Dir Kopfhörer an und suche Dir eines Deiner Lieblingslieder mit rhythmischer Musik. Beginne langsam, Dich in die Musik hineinzusteigern.

Beginne mit den Händen und schüttle alles raus. Erst ganz langsam und dann immer mehr und mehr. Du wirst merken, wie du dich langsam in der Musik verlierst. Das Schöne ist, durch das Rausschütteln gehen auch die typischen Verspannungen in Schulter und Nacken weg… bis hin, dass Du den ganzen Körper durchschüttelst.

Vielleicht fühlst Du Dich gerade völlig gaga… oder wenn Du das liest denkst du womöglich, der Clemens macht wohl einen Scherz hier.

Mitnichten, ich garantiere Dir, es funktioniert wirklich. Alles was ich Dir mitgebe, durchlebe ich selbst. Das heißt, ich habe alles selbst angewandt und durchlebt.

Zurück zur Übung… Deine Beine stehen beim Durchschütteln fest am Boden, wie verwurzelt. Deine Augen sind idealerweise geschlossen. Damit hast Du die Möglichkeit, dass Du mehr bei Dir bleibst und Du nicht auf Deine Umwelt achtest. Das ist der Moment des „Abschaltens".

Wenn Du dann am Ende des Liedes wieder die Augen öffnest, bist Du wieder in der absoluten Aufmerksamkeit, was um Dich herum geschieht.

Beim zweiten Lied brauchst Du nicht mehr an einem Ort verwurzelt stehen, sondern kannst Dich frei bewegen, denn nun ist Tanzen angesagt. So tanzen, als ob Du eine Szene in einem Film nachtanzen willst oder Tanzschritte nachmachst. Einfach die Musik hören, die Musik in sich rein lassen und den Körper tun lassen, was er will. Das führt in deinem Körper zur Lockerheit. Einfach und wirksam.

Du solltest auch mal die Musik wechseln, je nach Stimmung auch mal andere Lieder hören. Zum Beispiel statt Deines Lieblingslieds auch mal indianische Trommeln oder die sphärischen Meeresbrandungen in ihrem Rhythmus. Einfach den Körper tanzen lassen. Auch wenn Dein Körper ausflippen will, lass ihn, er holt sich von allein wieder ein. Lass Deine Augen geschlossen. Tanzen, einfach den Körper tanzen lassen, schnell oder langsam, ekstatisch oder zärtlich. Beweg Dich, aber lass die Augen möglichst geschlossen.

Beim dritten Lied setzt Du Dich hin. Und das bitte so, dass Du ohne Probleme ein ganzes Lied so sitzen kannst. Die einen sitzen am liebsten im Schneidersitz, die anderen haben die Beine weit von sich gestreckt, manche lehnen sich lieber an eine Wand. Mach' es Dir einfach bequem.

Solltest Du verschwitzt sein, nimm Dir eine Jacke, damit Du nicht auskühlst und statt zu entspannen anfängst, vor Kälte zu zittern.

Die Musik ist eher sphärisch, damit Du Dich darin verlieren und abschalten kannst, damit Du Dich ganz tief entspannen kannst. Die Augen hältst Du die ganze Zeit geschlossen. Genieße die 4 oder 5 min und entspanne.

Mit dem vierten Song legst Du Dich gerade hin. Hier nutzt Du ganz ruhige, wirklich langsame Musik, die Dich eher an das Rauschen des Meeres oder an das Rauschen der Bäume im Wald erinnert. Ich empfehle Dir, Dich auf den Rücken zu legen und Arme und Beine weit von dir zu strecken. Diese Haltung heißt im Yoga die Tote-Mann-Position. Falls Du dazu neigst, einzuschlafen und womöglich zu schnarchen, stelle Dir einen Wecker auf Deinem Smartphone oder Deiner Uhr und sorge dafür, dass nach 5 min ein leichter Gong ertönt, der Dich in die Realität zurückbringt. Aber bitte spring nicht gleich wie ein Hase auf. Bleibe noch kurz liegen, öffne Deine Augen und beobachte Deine Umwelt. Reck Dich und streck Dich, wie eine Katze nach dem Tiefschlaf.

Diese aktive Entspannung hilft mir besonders vor großen Auftritten, wenn ich mich 20–30 min zurückziehen kann. In dieser Entspannung kann ich viele wichtige Stationen meines Auftritts noch einmal „entspannt" durchlaufen. So kann ich auf bestimmte Bewegungsabläufe achten, die mir dann beim Auftritt viel ruhiger von der Hand gehen.

Die dritte effiziente Entspannungstechnik ist mein Liebling, wenn ich zu Hause bin und mich auf mein Entspannungsritual freue. Du liest richtig, Ritual. Regelmäßig mache ich diese Reisen und bin hinterher derart genial relaxt und topfit, dass ich Bäume ausreißen könnte.

Die 3. Technik ist:

6.3 Die mentale Erlebnisreise

Meine mentalen Erlebnisreisen sind aktive Fantasiereisen und weniger diese Dir wahrscheinlich bekannten passiven Fantasiereise, die alle passiv im Liegen stattfinden. Wir bewegen uns, laufen, gehen.

Durch Deine aktive Handlung werden Dir neue Bewältigungsstrategien für die alltäglichen Anforderungen vermittelt. Die Atmosphäre der mentalen Erlebnisreisen ist daher eher spielerisch und locker. So eine mentale Erlebnisreise dauert etwa 15 bis 30 min und sollte mit sehr viel Fingerspitzengefühl und Einfühlungsvermögen inszeniert werden.

Das Ziel mentaler Erlebnisreisen ist es, eingebettet in viel Spaß und Lachen, nützliche Erkenntnisse im Umgang mit sich und anderen zu machen.

Bei einer mentalen Erlebnisreise wird Musik vorgegeben und der Teilnehmer über Mikrofon parallel zur Musik aufgefordert, dieses und jenes zu tun. Ich habe Dir auf der Webseite www.wennderkopfstreikt.com eine mentale Erlebnisreise zum Download bereitgestellt.

Du wirst während der Reise Erfahrungen im Umgang mit Dir selbst, mit Deinen Gefühlen und Deinen Wünschen und Bedürfnissen machen. Das Spektrum Deiner Aktivitäten während der Reise geht von reiner Fantasiearbeit mit geschlossenen Augen bis hin zu interaktiven Koordinationsübungen.

Du wirst von mir mal Anweisungen, mal Empfehlungen, mal Kommentare hören. Mal identifiziere ich mich mit Dir, mal stelle ich mich bewusst Dir gegenüber, mal bin ich im Adlerflug über Dir. Mal schenke ich Dir Zuwendung, Anerkennung, Wertschätzung und Liebe, manchmal auch gebe ich klare Anweisungen, die Dir wie Befehle vorkommen mögen.

Du kannst diese Art von mentaler Erlebnisreise durchaus mit prophylaktischer Seelsorge vergleichen. Das Sehen und Denken in Bildern, gekoppelt mit eindeutigen Aussagen, die im Langzeitgedächtnis haften bleiben, ist Dir heute bestens aus der TV Werbung bekannt. Nur setze ich sie hier zur Aktivierung und zur Optimierung Deines Potenzials ein.

Das gleichzeitige Vermitteln von Wort und Bild (das dabei in Deinem Kopfkino entsteht) spricht beide Gehirnhälften an. Wenn mein gesprochenes Wort nun auch noch durch Musik ergänzt wird, dann werden auch mehrere Kanäle in Dir angesprochen. Musik erzeugt nun mal Gefühle und diese regen uns zu Bildern und Filmen in unserem Kopfkino an. Auf diese Art förderst Du auch Deine Fantasie.

Hier mal ein paar Beispiele, wie Du Dir bekannte Musik mit Bildern, die Du selbst als Dein eigener „Reiseleiter“ verbal anregen kannst, verbindest.

… Fliegen über die Meere und Felsen, Sturzflug ins Wasser, dazu passt zum Beispiel sehr gut das Lied „In the air tonight“ von Phil Collins.

… Mit Vangelis Lied „Hymn“ oder dem berühmten „Chariots of fire“ wirst Du Dich stark fühlen. Du wirst in Deiner Fantasie Konflikte mit anderen Menschen gewinnen und dann das Siegergefühl genießen.

… Mit dem Klassiker von Louis Armstrong „What a wonderful world“ einfach mit offenen Augen durch die Gegend gehen und zu jedem freundlich „Guten Tag“ sagen.

In jeder mentalen Erlebnisreise sind zwischendurch immer wieder Phasen, in denen Du über Musik aus dem Bereich der Tiefentspannung dazu angeregt wirst, Dich in Dir zurückzuziehen, Dich tief zu entspannen und den Kopf „nachdenken zu lassen“.

Ich kopple bei meinen Sportlern diese Erlebnisreisen aus Erfahrung mit einer ganz bestimmten Aufgabe. Die können sie dann im Alltag auch umsetzen (z. B. „Verschenke heute noch eine Rose!“ oder „Schlaf mit diesem Gefühl heute Abend ein!“). Ich habe auch schon Teilnehmer aufgefordert: „Frage heute noch drei Personen, wann sie das letzte Mal richtig glücklich waren und was es war, dass sie glücklich gemacht hat.“

Die meisten Anregungen für meine eigenen Mentalreisen hole ich mir aus meinem eigenen Leben, aus meinen Konflikten, Erfahrungen und den freudigen Momenten im Alltag. Denn dort weiß ich am besten, wovon ich spreche und bin authentisch.

Diese Eigenschaft kannst auch Du Dir zur Aufgabe machen. Rede und handle in dem Bereich, in dem Du kompetent bist, in dem Du Dich sicher fühlst. In allen anderen Bereichen sei bereit zu schweigen und hinzuhören, was Dir Experten auf den Weg geben können.

Belastungsdepression entsteht immer da, wo wir uns unsicher fühlen, unbekanntes Gebiet betreten oder Dinge tun sollen oder wollen, die wir nicht können oder kennen.

Mit dieser Bedienungsanleitung habe ich Dir ein paar Einblicke gegeben, wie Top-Sportler mit den Belastungen umgehen, damit eben nicht dieses Loch entsteht, in das so viele hineinfallen und aus eigener Kraft nicht mehr herauskommen. Diese mentalen Erlebnisreisen waren für mich ein wesentlicher Schlüssel, damit ich aus meinem „Loch“ wieder emporkriechen konnte.

Dein Ziel mit diesen Erlebnisreisen wird es als ambitionierter Sportler sein,…

… Kraftfresser zu erkennen, sie zu überwinden, neue Kraftquellen zu erschließen und sie jederzeit anzuzapfen.

… Ziele neu zu definieren, Deine Ziele zu visualisieren und zu erreichen… Freiheit und Erleichterung.

… fanatische Siege für Deinen Selbstwert zu erleben.

… Wer, wenn nicht ich? Wo, wenn nicht hier? Wann, wenn nicht jetzt?

Jedes Ziel ist grandios und Du hast ein Recht darauf, stolz zu sein. Egal wie sehr und wie oft Du jedes Deiner Ziele auch schon gefeiert hast. Feiere einfach noch mal. Ich kann Dir sagen, es gibt keinen Menschen über den berichtet wurde, er habe sich in seinem Leben totgefreut.

6.4 Tricks und Erfahrungen

Abschließend möchte ich Dir noch ein paar Tricks und Erfahrungen mitgeben, denn ich werde immer wieder ein paar Dinge gefragt, die ich hier in alltagstauglichen Worten kommentieren möchte.

Eine Frage, die immer wieder gestellt wird, worin liegt der Unterschied zwischen Tiefentspannung und Rumdösen und Hypnose?

Physiologisch sind sich alle drei Zustände sehr ähnlich, denn tatsächlich sind die Alphawellen beim Dösen die gleichen wie beim Tiefenentspannen. Und es ist auch ganz leicht, im Alphazustand in einen eher raumdösigen Dämmerzustand hinübersinken. Dann sind Du und Dein „Bewusstsein“ allerdings vollkommen passiv.

Bist Du dagegen im Kopf wach und klar, also alphatiefentspannt, dann gibt es einen großen qualitativen Erlebensunterschied, den der aktiven entspannten Bewusstheit. Du senkst Deine Wahrnehmungsschwelle und nimmst körperliche, mentale, psychische und alle Vorgänge im Umfeld deutlich wahr, erkennst und beschreibst sie. Wer nur döst, bekommt so gut wie nichts mit, die Wahrnehmungsschwelle bleibt oben und Du bist alles andere, als klar und im Fokus.

Worin liegt meiner Meinung nach der Unterschied zwischen Tiefentspannung und Hypnose?

In beiden Fällen ist der Körper tief entspannt und Alphawellen haben sich ausgebreitet. Doch in diesem Fall hast Du Deine Verantwortung an den „Hypnotiseur“ abgegeben. Diese Übergabe geht so weit, dass der Hypnotiseur sogenannte posthypnotische Befehle geben kann und dass er es anordnen kann, woran sich das Bewusstsein hinterher erinnert und woran nicht.

Ich halte daher Großveranstaltungen, in denen Massenhypnose als „Persönlichkeitsentwicklung" verkauft wird für manipulativ und somit für gefährlich.

Ich kenne keinen einzigen Teilnehmer, der dadurch erfolgreich wurde. Doch immer wieder setzen Trainer mit mangelnder Persönlichkeit auf solche Kundenfanginstrumente. Ich nenne sie „Schlangenölverkäufer".

Sie verkaufen Dir etwas, das es nicht gibt.

Sei dir bewusst, dass Dein Körper mit einem sehr starken Bedürfnis nach Ruhe antwortet. Wenn er seit langer Zeit wieder einmal die Gelegenheit bekommt, abzuschalten und bisher zu lange Zeit überbeansprucht wurde, weil Du zu viel und zu lange arbeitest und ausgepowert bist.

Das sieht dann so aus, dass Du eigentlich nur noch schlafen möchtest, plötzlich nur noch müde und kaputt bist. Wenn Du jetzt Urlaub machen würdest, könntest Du drei bis neun Tage durchschlafen, um danach behaupten zu können „ich bin wieder fit und erholt".

Das ist eine natürliche Reaktion des Körpers und kein Burn-out oder depressive Phase. Nur solltest Du auf Deinen Körper und seine Signale achten, sonst wird dieser Zustand chronisch. Und das wird dann definitiv ungesund.

Es lohnt sich wirklich, sich mindestens ein freies Wochenende im Monat zum Ausschlafen zu „organisieren", denn es handelt sich um eine natürliche Regenerierung Deines überlasteten Körpers.

Nur mal angenommen, Du tust dies und veränderst nach und nach Deine Bewusstseinszustände, dann wirst Du in Deinen meditativen Zuständen diese Phänomene erleben… garantiert!

- Das Raum-Zeit-Gefühl ist aufgehoben.
- Die Gedanken sind plötzlich „weg".
- Die Arme und Beine fühlen sich schwer und warm durchströmt an.
- Die Blutgefäße haben sich geweitet, das Blut zirkuliert schneller. Die Durchblutung der Unterarme steigt um ein Drittel an. Der mittlere Laktatgehalt Deines Blutes (Blutzucker) sinkt von 12 mg % auf 6 mg %.
- Die Durchblutung aller Organe, aber auch der Hautoberfläche, wird intensiver. Auf der Hautoberfläche können wir ein bis zwei Grad höhere Hauttemperatur messen.
- Weil der Muskeltonus sinkt, was sich als Steigen des elektrischen Hautwiderstandes von 70 auf 300 k Ohm nachweisen lässt, sinkt auch die Wahrnehmungsschwelle für körperliche Vorgänge.
- Du spürst Deinen eigenen Herzschlag, entweder in der Halsschlagader oder im Herzen, selber. Die mittlere Pulsfrequenz geht um durchschnittlich 5 bis 6 Schläge pro Minute zurück. Der Blutdruck, wenn er vorher erhöht war, senkt sich schnell auf das normale Maß.
- Der Atem wird tiefer und ruhiger und geht mehr und mehr in die Bauchatmung über. Deine durchschnittliche Atemfrequenz sinkt von vorher 13,5 auf 10,5 Züge pro Minute. Das Atemzugvolumen sinkt um etwa 5 %, das Atemminutenvolumen sinkt um etwa 15 %.

- Das Gefühl der Ruhe, Schwere und Wärme verstärkt sich und konzentriert sich in Deinem Oberbauch. Dort schlägt das Gefühl des Wohlbehagens um in ein Glücksgefühl, welches von Experten als ozeangleiches Glücksgefühl beschrieben wird. Die Grenzen zwischen dem Selbst und der Umwelt verschwimmen, Du fühlst Dich eins mit allem.
  Im spirituellen Leben der verschiedensten Religionen wird dieser Zustand als Gotteserfahrung beschrieben. Die einen sprechen von Gipfelerlebnissen, die anderen von Glückseligkeit, viele auch vom Zustand der Gnade.
- Hirnphysiologisch sind bei Wachheit und Klarheit im Kopf in beiden Hemisphären gleichzeitig Alpha-, Theta- und Delta-Wellen nachweisbar. Thetawellen finden sich eigentlich nur im Tiefschlaf oder bei spielenden Kindern, und Deltawellen sind im Wachzustand nur bei schon lange meditierenden „Mönchen“ und Yogis nachweisbar.

Das Wort Entspannung deutet auf das Loslassen von überstarker Spannung in Körper, Seele und Geist hin. Besser noch, das Seinlassen.

Um die drei verschiedenen Entspannungstiefen zu unterscheiden, werden in der Lehre die vier Gehirnwellenarten: Alpha-, Beta-, Theta- und Deltawellen zugrunde gelegt.

Beta-Wellen sind jene Wellen im Bereich 30 bis 14 Hz,
Alpha-Wellen findest Du im Bereich 13 bis 7 Hz,

Theta-Wellen sind im Bereich 7 bis 4 Hz und
Delta-Wellen erlebst du im Bereich 1 bis 3 Hz.

Jede dieser vier Wellenarten hat andere typische Schwingungsformen. Wir können sie optisch gut voneinander unterscheiden.

Stell Dir jetzt vor, dass Du Dir ein Entspannungsverfahren ausgesucht hast, es als für Dich gut empfunden und dann erlernt hast. Du wendest es nun in genau jenen Situationen an, in denen Dich bisher der Stress besiegt hat.

In Zukunft hast Du für Deine Stresssituationen eine Lösung. Und die dafür beste Formulierung, die ich in der Praxis einsetze, ist die

WENN – DANN – UND – Formulierung.

Nach dem WENN kommt die Kurzform Deines auslösenden Stressfaktors, nach DANN kommt das neue Lösungsverhalten (wie Du Deine Stresssituation bewältigst) und nach UND kommt die Beschreibung Deines angestrebten „entspannten" Zustandes oder noch besser, Deines entspannten Verhaltens.

- WENN 10 Aufgaben anliegen und ich mich davon so überfordert fühle, dass ich gar nicht erst anfange, DANN verschaffe ich mir einen Überblick, lege eine Liste fest, fange mit der 1. Aufgabe an UND weiß, ich arbeite diese Liste Step by Step ab, bis sie erledigt ist.
- WENN andere Menschen mir immerzu sagen, was ich zu tun habe, DANN höre ich zu, prüfe, ob es für mich o. k. ist, es mich weiterbringt, teile meine Entscheidung mit UND handle.

- WENN ich noch Wichtiges zu erledigen habe, DANN schiebe ich es nicht vor mir her, erledige es UND kann mich völlig frei den Freude bringenden Dingen widmen.
- WENN ich an meine Finanzprobleme denke, DANN sehe ich jetzt Chancen und Möglichkeiten UND ich verändere gelassen meinen Actionplan, meinen Aktionsplan. Ich hoffe, du hast einen!
- WENN ich plötzlich erkenne, dass die Zeit nicht ausreicht für die heutigen Aufgaben, DANN setze ich bewusst und mit klaren Worten meine Prioritäten UND handle danach.
- WENN ich vor einer Wettkampfsituation mit wichtigem Ausgang stehe, DANN stelle ich mir vor, wie der Sieg schmecken wird, nehme die Chance war UND stehe den Wettkampf mit purer Begeisterung und Willenskraft durch.
- WENN meine Kinder mich mit Mutter- oder Vaterpflichten überfallen, DANN sage ich: „Stopp, jetzt nicht!" UND vereinbare einen Termin (an den ich mich halte!) mit ihnen.
- WENN ich an mir Unsicherheit bemerke, DANN unterdrücke ich dieses Gefühl nicht. Ich stehe dazu UND schon belastet mich die Unsicherheit nicht mehr.
- WENN der Selbstzweifel beginnt an mir zu nagen, DANN stelle ich mich diesem Zweifel, betrachte was real ist, atme drei Mal tief aus und erkenne meine Situation UND lache in mich hinein und danke mir selbst, dass es doch so einfach war.

- WENN ich alles auf einmal erledigen will, DANN atme ich drei Mal tief durch, entspanne mich, setze für mich Prioritäten UND habe dadurch so viel Zeit, dass alles in mir und um mich herum im Fluss bleibt.

Hier ein paar selbst erlebte „Umschreibungen" von mir persönlich. All diese geistigen Umformulierungen – oder auch Neukreierungen – habe ich selbst durchlebt und kann Dir sagen: sie funktionieren, garantiert!

- WENN wirtschaftliche Zweifel in mir aufkommen und ich nicht aus dem Gedankenstrudel rauskomme, DANN prüfe ich kritisch, ob es real ist, setze mir konkrete Ziele UND vertraue auf meinen Plan und meine Kraft.
- WENN meine Tochter Rat und Halt sucht, DANN nutze ich die Zeit mit all meiner Liebe und meinem Wissen UND…
- WENN ein Klient versucht, mir meine Energien abzusaugen, DANN stelle ich mich neben mich, beobachte UND kläre später die Situation.
- WENN das Lampenfieber mich überwältigt, DANN atme ich mit Schwung drei Mal tief ein und aus, schaue ins Publikum, lache es an UND spüre die freundliche Stimmung und deren Neugier.
- WENN ein Schreiben vom Anwalt kommt, DANN lege ich es ab UND denke über eine Lösung nach, und zwar wann es mir passt.
- WENN ich mir ein hohes Trainingspensum auferlege, DANN bleibe ich trotzdem gelassen, nehme mir

zwischen den Trainingseinheiten Zeit zu entspannen UND erledige das Mögliche.

- WENN ich mich angegriffen fühle, DANN begebe ich mich in die Adlerperspektive UND reagiere besonnen, weitsichtig und angemessen.
- WENN ich anderen Menschen gefallen möchte, DANN akzeptiere ich mich so, wie ich bin UND das gibt mir Sicherheit.
- WENN ich mich auf etwas eingelassen habe, wovon ich glaube, es nicht bewältigen zu können, DANN betrachte ich jede Anforderung als neue Herausforderung UND ich weiß, was ich kann, denn ich bin gut vorbereitet, habe einen Plan.
- WENN ich an eine bestimmte Person im Wettkampf denke, DANN weiß ich genau, was der/die andere tun wird, sammle damit weitere Erfahrungen UND entscheide dann endgültig und handle.
- WENN ein Mitarbeiter seine Aufgaben nicht erfüllt (z. B. keine Zeit), DANN nehme ich das ruhig und besonnen zur Kenntnis, sage mit einem klaren und bestimmten Ton, dass das nicht unserer Vereinbarung entspricht, verlange eine sofortige Erledigung UND fühle mich großartig, insbesondere respektiert.
- WENN ich kritisiert werde, DANN höre ich zu, atme bewusst ein und aus UND betrachte die Situation aus der Sicht meines Gegenübers (besonders gut nach der Trainerkritik an der gezeigten Leistung).
- WENN ich mit einem dominanten Menschen im Wettkampf stehe, DANN bleibe ich bei mir, beobachte intensiv UND nutze die Chance, sobald ich sie für angebracht halte… ich entscheide, kein anderer!

- WENN etwas nicht so klappt, wie ich es will, DANN fluche ich kurz, aber gründlich, atme einige Male ein und aus UND gehe zur Tagesordnung über.
- WENN mein Auto stehen bleibt, DANN werde ich sofort mit meinen Freunden nach praktikablen Lösungen suchen UND…
- WENN ich mit guten Sportlern zusammen bin, DANN bin ich nicht neidisch und ablehnend, sondern ich freue mich UND lerne davon.
- WENN meine Hilfe nicht gebraucht wird, DANN denke ich, schön, dass ich schon wieder frei habe UND genieße die Zeit.
- WENN ich müde bin, DANN gestatte ich mir meine Müdigkeit UND schlafe.
- WENN ich dicht gedrängte Termine habe, DANN bereite ich mich durch mein Morgenritual darauf vor UND schaffe es so, gelassen den Tag zu bewältigen.
- WENN ich unangenehme Aufgaben vor mir herschiebe, DANN stelle ich mir in meinem Kopfkino diesen Zustand nach Zielerreichung oder Erledigung genauestens vor UND erstelle mir dann einen Endtermin, werde zum Finisher.
- WENN jemand an mir zweifelt, DANN weiß ich, dass ich eine kompetente Persönlichkeit bin, atme bewusst tief ein und aus UND ich spüre, dass ich wertvoll bin.
- WENN ich einfach nicht zur Ruhe komme, nicht abschalten kann, DANN weiß ich immer, wann für mich Schluss ist UND akzeptiere auch kleine ungelöste Probleme.

- WENN mein Trainer/Schüler mich austrickst, DANN denke ich in Ruhe darüber nach UND finde für mich und ihn (dem Trainer/Schüler) die bestmögliche Lösung.
- WENN mir meine neue Herausforderung, mein Ziel droht, über den Kopf zu wachsen, DANN erinnere ich mich meiner inneren Energiequellen UND rufe mir bildhaft meine Ziele ins Kopfkino.
- WENN ich die Arbeit nicht einteilen kann, DANN weiß ich, dass meine Arbeitsaufgaben immer terminlich und zeitlich organisiert sind UND…
- WENN das „Amt für Steuern" wiederholt Mahnungen und Pfändungsankündigungen schickt, DANN werde ich mehrere Minuten tief ein- und ausatmen UND danach mit meinem Expertennetzwerk eine für beide Seiten akzeptable Lösung finden.
- WENN ich perfekt dastehen möchte, DANN schnippe ich mit den Fingern UND freue mich über das, was ich bin.
- WENN ich mich persönlich mal wieder unter Druck setze, alles zu schaffen, DANN setze ich persönliche und situative Prioritäten, liste sie auf, arbeite sie konsequent ab UND befinde mich im Fluss des Lebens.
- WENN ich z. B. durch eine Krankheit oder einem Unfall spüre, dass meine sportlichen Ziele hinten angestellt werden, DANN sage ich, meine Ziele sind absolute Priorität in meinem Leben UND ich verfolge sie konsequent.

- WENN ich Angst und Zweifel spüre, DANN entspanne ich kurz, tanke positive Energie UND ein tiefes Vertrauen in mich und meine Umwelt entsteht.
- WENN ich meine Arbeit nicht zu 100 % gut mache, DANN weiß ich, dass ich loslassen kann und nicht immer perfekt sein muss UND kann andere an mir vorbeiziehen lassen.
- WENN ich mehrere Aktionen gleichzeitig im Kopf habe, DANN konzentriere ich mich auf das Wesentliche, auf das Hier und Jetzt UND genieße den freien Raum in mir.

RISE UP … Erheb Dich und leg los!

7 Schlusswort

Nun spürst Du, dass von diesen belastenden Gedanken viel Gift in Deinen Körper versprüht wird.

Und von diesen in meinen Augen toxischen Gedanken geht eine Menge Gefahr aus.

Nach diesem Buchinhalt weißt Du, dass eine Belastungsdepression in erster Linie von diesen toxischen Gedanken und Emotionen ausgeht.

Wenn unser Kopf immerzu traurige Auseinandersetzungen mit sich selbst führt, die Niederlagen und all ihre Folgen wieder und wieder durchlebt, dann neigen wir Leistungswilligen schnell dazu, gestresst zu sein.

Ich bin absolut überzeugt davon, dass diese, nennen wir sie ruhig toxischen, also giftigen Gedanken eine entscheidende Rolle bei der Entstehung von Depressionen, und ich gehe noch weiter, bis hin zu Krebserkrankungen spielen.

C. Ressel, *Der Anti-Stress-Trainer für Sportler*,
DOI 10.1007/978-3-658-12456-4_7

Wir bemühen uns tagtäglich, alles Giftige aus unserem Leben herauszuhalten, kaufen zunehmend im Bioladen, meiden Putzmittel mit Totenkopfsymbolen, ernähren uns bewusster und meiden Kosmetikprodukte mit Tierversuchen und Deo mit Aluminium. Doch bei der Gedankendusche, der inneren Hygiene, leben wir weiter vollkommen ungesund und füllen uns zu.

In dieser Bedienungsanleitung habe ich Dir einen Einblick gegeben, wie Du Dich von deinen giftigen, lieb gewonnenen Freunden, Verhaltensweisen und seelischen Schmerzen und Deinen Handlungen trennen kannst.

Die folgenden acht wirksamen Anwendungen kannst Du Dir als kleine Karten auf der Webseite www.wennderkopfstreikt.club herunterladen. Sie passen ideal in eine kleine Geldbörse und werden Dir helfen, Dich von Deinen giftigen Freunden zu verabschieden.

8
Acht wirksame Praxis-Tipps

1. Ich lasse Gras über die Sache wachsen! Je weniger ich mich mit giftigen Menschen und Situationen beschäftige, desto besser fühle ich mich. Durch die Tatsache, dass ich diese Menschen, diese Situation immer weniger erwähne und die Zeit vergeht, wird meine Energie wieder steigen und ich verspüre wieder Freude und Lust.
2. Abwarten und Tee trinken! Ich reagiere nicht immer gleich und sofort. Stattdessen erlaube ich mir, abzuwarten und zu schauen, wie sich die Situation entwickelt.
3. Ich trenne mich von meinen Schuldgefühlen! In der Vergangenheit zu leben und die Schuld pausenlos bei mir zu suchen, ist nicht gerade hilfreich. Schlechte Zeiten gibt es mehr als genug. Zukünftig sind sie nur noch ein kleiner Teil von mir. Mein Fokus geht nach vorne.

C. Ressel, *Der Anti-Stress-Trainer für Sportler*,
DOI 10.1007/978-3-658-12456-4_8

4. „Eat that frog" … Ich gehe mein größtes Problem zuerst an. Damit setze ich neue Energien frei, der Nebel um meine Gedanken lichtet sich, meine Wut auf gestern, auf meine Niederlagen verfliegt, meine Welt wird klarer.
5. Ich bewege mich! Sowohl meine Gedanken in der Entspannung als auch meinen Körper bringe ich in Bewegung.
6. Ich glaube nicht alles, was ich denke! Ich lasse mich nicht durch Angst, Sorgen, Zweifel und Wut emotional und physisch belagern. Somit wird es keine Realität, was eigentlich nur ein Produkt meiner Fantasie ist.
7. Was soll's… Ich kann die Zeit nicht zurückdrehen! Wenn ich über Vergangenes grüble, das mich verletzt hat, denke ich nicht mehr darüber nach, was ich anders hätte machen können, um eine Niederlage, Verletzung oder einen Verlust zu vermeiden. Ich lasse die Vergangenheit ruhen, denn ich kann es nicht ändern, egal, ob es vor einer Woche oder vor Jahrzehnten geschah.
8. Ich vergebe mir und anderen! Ich hänge nicht mehr an meinen schmerzlichen Gefühlen. Ich vergebe nicht, weil ich den anderen gefallen will, ich vergebe, damit ich meinen Frieden habe.

www.wennderkopfstreikt.club

9 Die Reise geht weiter

Mit dieser Bedienungsanleitung bekommst Du sehr wirksame Instrumente in die Hand. Ich fordere Dich auf, nutze sie und verschwende nicht Deine Gabe und warte auf „die Erleuchtung". Durch plumpes Warten wird sie nicht kommen.

Hätte ich vor 30 Jahren, zu Beginn meiner beruflichen Laufbahn, diese Lektionen gekannt… oh ja, ich hätte mir vieles an Unglück in meinem Leben ersparen können.

Hätte, hätte, hätte…

Diese Bedienungsanleitung bereitet Dich vor, damit Du mit dem kommenden Werk ein nächstes Level erreichst. Sie ist die Eintrittskarte in den inneren Zirkel.

Ich werde mal etwas mystisch… Du bist nun auf der Reise zum großen Tor des Tempels der Selbsterkenntnis und Deiner wertvollen Gesundheit aufgebrochen. Deine Reise bis hierher war ein erster Schritt, der manches Mal auch weh tat und oft nur mit Entbehrungen zu ertragen war. Du hast

C. Ressel, *Der Anti-Stress-Trainer für Sportler*,
DOI 10.1007/978-3-658-12456-4_9

alle Tipps und Anwendungen in dieser Bedienungsanleitung durchgelesen und Dir hoffentlich viele Notizen gemacht.

Nun setze sie auch um, damit Deine Reise weitergehen kann und Du den Weg der Champions beschreitest. Vom Lesen und Hören allein, ist noch kein Mensch gesund und wertvoll geworden. Nur seine Taten, seine Handlungen ergeben das Bild, das Du bist. Klopfe an und beginne mit dem nächsten Schritt HANDELN Dein Potenzial phänomenal anzuheben, Dein NEXT LEVEL zu erfahren.

Das höchste Gut, das uns gegeben wurde, ist die Freiheit, das Leben zu leben, das wir uns erträumt haben.

Und dies mit Respekt und Achtung.

Meinen und allen anderen Kindern auf dieser wunderschönen Welt wünsche ich aus tiefem Herzen, dass Sie dies in Ihrem Leben immer tun können und alle Widrigkeiten mit Zuversicht durchsegeln und selbst eines Tages vor diesem Tor stehen und unbedingt den Tempel der Erkenntnisse und wertvollen Gesundheit betreten wollen.

Aus ganzem Herzen danke ich meinen Mentoren, Meistern und Lehrern, die mich auf meinem Weg begleitet haben und zum Teil heute noch begleiten.

Mit diesem Satz danke ich vor allem Dir! Ich danke Dir dafür, dass Du mir bis hierher dein Vertrauen und eine Zeit deines Lebens geschenkt hast. Lass Dich in Deinem Handeln niemals aufhalten, ich tue es auch nicht. Auch wenn sich alle abkehren sollten von Dir, denke bitte immer daran, Dein Handeln ist der Spiegel deines Charakters. Und diesen lass Dir niemals zerschlagen.

Wir sehen uns auf dem nächsten Level …

In und aus dem Jetzt

Dein Peak Perfomance Trainer

Clemens Ressel

Printed in the United States
By Bookmasters